博雅国际汉语精品教材

俄文注释本
С параллельным русским переводом

第四版
4-е издание

汉语会话 301 句 上册

301 фраза: разговорный китайский язык

Часть 1

康玉华　来思平　编著
Авторы: Кан Юйхуа и Лай Сыпин

北京大学出版社
PEKING UNIVERSITY PRESS

图书在版编目 (CIP) 数据

汉语会话 301 句：俄文注释本（第四版）. 上册 / 康玉华，来思平编著. —北京：北京大学出版社，2021.11
博雅国际汉语精品教材
ISBN 978-7-301-32644-2

Ⅰ. ①汉… Ⅱ. ①康… ②来… Ⅲ. ①汉语 – 口语 – 对外汉语教学 – 教材 Ⅳ. ①H195.4

中国版本图书馆 CIP 数据核字 (2021) 第 207096 号

书　　　名	汉语会话 301 句（俄文注释本）(第四版) · 上册 HANYU HUIHUA 301 JU (EWEN ZHUSHIBEN)(DI-SI BAN)·SHANGCE
著作责任者	康玉华　来思平　编著
责任编辑	唐娟华
标准书号	ISBN 978-7-301-32644-2
出版发行	北京大学出版社
地　　　址	北京市海淀区成府路 205 号　100871
网　　　址	http://www.pup.cn　新浪微博：@北京大学出版社
电子信箱	zpup@pup.cn
电　　　话	邮购部 010-62752015　发行部 010-62750672　编辑部 010-62767349
印　刷　者	北京宏伟双华印刷有限公司
经　销　者	新华书店
	787 毫米 × 1092 毫米　16 开本　23.75 印张　346 千字 2021 年 11 月第 1 版　2021 年 11 月第 1 次印刷
定　　　价	79.00 元（含课本、练习册、音频）

未经许可，不得以任何方式复制或抄袭本书之部分或全部内容。
版权所有，侵权必究
举报电话：010-62752024　电子信箱：fd@pup.pku.edu.cn
图书如有印装质量问题，请与出版部联系，电话：010-62756370

第四版出版说明

  《汉语会话 301 句》是当今全球非常畅销的对外汉语经典教材。本教材由北京语言大学康玉华、来思平两位教师编写，北京语言学院出版社 1990 年出版，1998 年修订再版，2006 年出版第三版，译有近十种外语注释的版本，发行逾百万册。本书为俄文注释本第四版，由编者和北京大学出版社汉语及语言学编辑部精心修订。

  第四版修订主要包括三方面的内容。第一，在不改动原有语言点顺序的前提下，改编内容过时的课文，更换能反映当下社会生活的内容，如增加"微信""快递"等词语；第二，教学内容的编排精益求精，生词的设置和翻译更加精细，语言点注释更加完善；第三，配套练习册随课本进行了修订，并增加了交际性练习。经过这次修订，《汉语会话 301 句》这套经典教材又焕发出了新的活力。

  好教材是反复修订出来的。在当今汉语教材空前繁荣的局面下，经典教材的修订反而愈加凸显其标杆意义。自 1990 年初版以来，《汉语会话 301 句》通过不断的自我更新，见证了汉语教学事业从兴旺走向辉煌的历程，并且成为潮头的夺目浪花。此次修订融进了新的教学研究理念和教材编写思想。我们相信，我们为汉语教师提供的是好教的教材，也是外国学生好用的教材。

北京大学出版社
汉语及语言学编辑部
2021 年 8 月

《汉语会话301句》是为初学汉语的外国人编写的速成教材。

全书共40课，另有复习课8课。40课内容包括"问候""相识"等交际功能项目近30个、生词800个左右以及汉语基本语法。每课分句子、会话、替换与扩展、生词、语法、练习等六部分。

本书注重培养初学者运用汉语进行交际的能力，采用交际功能与语法结构相结合的方法编写。全书将现代汉语中最常用、最基本的部分通过生活中常见的语境展现出来，使学习者能较快地掌握基本会话301句，并在此基础上通过替换与扩展练习，达到能与中国人进行简单交际的目的，为进一步学习打下良好的基础。

考虑到成年人学习的特点，对基础阶段的语法部分，本书用通俗易懂的语言，加上浅显明了的例句作简明扼要的解释，使学习者能用语法规律来指导自己的语言实践，从而起到举一反三的作用。

本书练习项目多样，练习量也较大。复习课注意进一步训练学生会话与成段表达，对所学的语法进行归纳总结。各课的练习和复习课可根据实际情况全部或部分使用。

编者

1989年3月

Предисловие

«301 предложение разговорной речи китайского языка» – это краткое учебное пособие для иностранцев, начинающих изучать китайский язык.

Учебное пособие содержит 40 уроков и 8 уроков повторения. Содержание 40 уроков включает около 30 тем коммуникативных навыков, таких как «приветствие» и «знакомство», около 800 новых слов и основные правила грамматики китайского языка. Каждый урок разделен на шесть частей: речевые образцы, диалоги, упражнения на лексическую подстановку, новые слова, грамматику и практику.

Эта книга делает акцент на развитие коммуникативных навыков у начинающих изучать китайский язык и составлена путем объединения коммуникативной функции с грамматической структурой. В книге показаны наиболее общие и базовые части современного китайского языка в общем контексте жизни, чтобы учащиеся могли быстро освоить 301 предложение основного разговора, и на этой основе с помощью упражнений на лексическую подстановку они могут достичь цели простого общения с китайцами и заложить хорошую основу для дальнейшего обучения.

Принимая во внимание особенности обучения взрослых, для базовой грамматической части в этой книге используется простой для понимания язык плюс простые примеры предложений для кратких объяснений, чтобы учащиеся могли использовать правила грамматики для своей языковой практики, чтобы делать соответствующие выводы по аналогии одного примера.

В этой книге содержится большое количество разнообразных упражнений. Уроки повторения обращают внимание на дальнейшее обучение студентов разговорной речи и выражению своих мыслей по параграфам, а также резюмируют грамматику, которую они выучили. Упражнения каждого урока и уроков повторения можно использовать полностью или частично в зависимости от реальной ситуации.

Составители
Март 1989 г.

简称表 Аббревиатуры

1	名	名词	míngcí	имя существительное
2	代	代词	dàicí	местоимение
3	动	动词	dòngcí	глагол
4	能愿	能愿动词	néngyuàn dòngcí	модальный глагол
5	形	形容词	xíngróngcí	прилагательное
6	数	数词	shùcí	имя числительное
7	量	量词	liàngcí	счётное слово
8	数量	数量词	shùliàngcí	числительное со счётным словом
9	副	副词	fùcí	наречие
10	介	介词	jiècí	предлог
11	连	连词	liáncí	союз
12	助	助词	动态助词 dòngtài zhùcí	аспектная частица
			结构助词 jiégòu zhùcí	структурная частица
			语气助词 yǔqì zhùcí	модальная частица
13	叹	叹词	tàncí	междометие
14	拟声	拟声词	nǐshēngcí	звукоподражательное слово
15	头	词头	cítóu	приставка
16	尾	词尾	cíwěi	окончание

Содержание

01 你好 Здравствуйте		1
语音 Фонетика	1. 声母、韵母（1） Инициали и финали (1)	wènhòu 问候（1） Приветствие (1)
	2. 拼音（1） Пиньинь (Фонетический алфавит) (1)	
	3. 声调 Тоны	
	4. 轻声 Лёгкий тон	
	5. 变调 Изменение тона	
	6. 拼写说明（1） Орфография (1)	

02 你身体好吗 Как твоё здоровье		9
语音 Фонетика	1. 声母、韵母（2） Инициали и финали (2)	wènhòu 问候（2） Приветствие (2)
	2. 拼音（2） Пиньинь (Фонетический алфавит) (2)	
	3. 拼写说明（2） Орфография (2)	

03 你工作忙吗 У тебя много работы		17
语音 Фонетика	1. 声母、韵母（3） Инициали и финали (3)	wènhòu 问候（3） Приветствие (3)
	2. 拼音（3） Пиньинь (Фонетический алфавит) (3)	
	3. 拼写说明（3） Орфография (3)	
	4. "不""一"的变调 Изменение тона слов 《不》 и 《一》	
	5. 儿化 Эризация	
	6. 隔音符号 Слогоразделительный знак	

04 您贵姓 Как ваша фамилия		27
语法 Грамматика	1. 用"吗"的问句 Вопросы со словом 《吗》	xiāngshí 相识（1） Знакомство (1)
	2. 用疑问代词的问句 Вопросы с вопросительными местоимениями	
	3. 形容词谓语句 Предложение с прилагательным в роли сказуемого	

05 我介绍一下儿	Разрешите мне представить		36
语法 Грамматика	1. 动词谓语句 Предложение с глаголом в роли сказуемого	xiāngshí 相识（2） Знакомство (2)	
	2. 表示领属关系的定语 Определение, выражающее принадлежность		
	3. "是"字句（1） Предложение со словом 《是》(1)		
复习（一）	Повторение (I)		46

06 你的生日是几月几号	Когда у тебя день рождения		50
语法 Грамматика	1. 名词谓语句 Предложение с существительным в роли сказуемого	xúnwèn 询问（1） Как задавать вопросы (1)	
	2. 年、月、日、星期的表示法 Обозначение годов, месяцев, чисел и дней недели		
	3. "……, 好吗？" 《……, 好吗？》		

07 你家有几口人	Сколько человек у вас в семье		60
语法 Грамматика	1. "有"字句 Предложение со словом 《有》	xúnwèn 询问（2） Как задавать вопросы (2)	
	2. 介词结构 Предложные конструкции		

08 现在几点	Который час сейчас		69
语法 Грамматика	1. 钟点的读法 Обозначение точного времени (Который час?)	xúnwèn 询问（3） Как задавать вопросы (3)	
	2. 时间词 Существительные-температивы		

09 你住在哪儿	Где ты живёшь		78
语法 Грамматика	1. 连动句 Конструкция сцепления глаголов	xúnwèn 询问（4） Как задавать вопросы (4)	
	2. 状语 Обстоятельство		

10 邮局在哪儿	Где находится почта		86
语法 Грамматика	1. 方位词 Существительные–направления	xúnwèn 询问（5） Как задавать вопросы (5)	
	2. 正反疑问句 Утвердительно–отрицательный вопрос		

复习（二）	Повторение (II)		95

11 我要买橘子	Я хочу купить мандарины		101
语法 Грамматика	1. 语气助词"了"(1) Модальная частица《了》(1)	xūyào 需要(1) Желание (1)	
	2. 动词重叠 Удвоение глаголов		

12 我想买毛衣	Я хочу купить свитер		110
语法 Грамматика	1. 主谓谓语句 Предложение с подлежаще-сказуемым словосочетанием в роли сказуемого	xūyào 需要(2) Желание (2)	
	2. 能愿动词 Модальные глаголы		

13 要换车	Надо сделать пересадку		119
语法 Грамматика	1. 能愿动词"会" Модальный глагол《会》	xūyào 需要(3) Желание (3)	
	2. 数量词作定语 Числительное со счётным словом в качестве определения		

14 我要去换钱	Я пойду обменять валюту		129
语法 Грамматика	1. 兼语句 Последовательно-связанное предложение	xūyào 需要(4) Желание (4)	
	2. 语气助词"了"(2) Модальная частица《了》(2)		

15 我要照张相	Я хочу сфотографироваться		137
语法 Грамматика	1. "是"字句(2) Предложение со словом《是》(2)	xūyào 需要(5) Желание (5)	
	2. 结果补语 Дополнение результата		
	3. 介词"给" Предлог《给》		

复习(三)	Повторение (III)	146

16 你看过京剧吗	Ты когда-нибудь смотрел пекинскую оперу		152
语法 Грамматика	1. 动态助词"过" Аспектная частица《过》	xiāngyuē 相约(1) Свидание (1)	
	2. 无主句 Предложение без подлежащего		
	3. "还没(有)……呢"《还没(有)……呢》		

17 去动物园 В зоопарк — 160

语法 Грамматика
1. 选择疑问句 Альтернативый вопрос
2. 表示动作方式的连动句 Конструкция сцепления глаголов, обозначающая образ действия
3. 趋向补语（1） Дополнение направления (1)

xiāngyuē
相约（2）
Свидание (2)

18 路上辛苦了 Как вы доехали — 168

语法 Грамматика
1. "要……了" Выражение 《要……了》
2. "是……的" Выражение 《是……的》

yíngjiē
迎接（1）
Встреча (1)

19 欢迎你 Добро пожаловать — 177

语法 Грамматика
1. "从""在"的宾语与"这儿""那儿" Объекты слов 《从》и《在》со словами 《这儿》《那儿》
2. 动量补语 Дополнение частоты
3. 动词、动词短语、主谓短语等作定语 Глагол, глагольное словосочетание или подлежащно-сказуемое словосочетание в роли определения

yíngjiē
迎接（2）
Встреча (2)

20 为我们的友谊干杯 Давайте выпьем за нашу дружбу — 187

语法 Грамматика
1. 状态补语 Дополнение состояния
2. 状态补语与宾语 Дополнение состояния и прямой объект

zhāodài
招待
Приём

复习（四） Повторение (IV) — 197

词汇表 Лексика (Алфавитный словарь) — 204

专名 Имена собственные — 213

wènhòu
问候（1）
Приветствие (1)

01 你 好
Здравствуйте

一 句子 Речевые образцы

001 | 你好！① Здравствуйте!
Nǐ hǎo!

002 | 你好吗？② Как дела?
Nǐ hǎo ma?

003 | （我）很好。 Хорошо.
(Wǒ) Hěn hǎo.

004 | 我也很好。 Мне тоже хорошо.
Wǒ yě hěn hǎo.

二 会话 Диалоги

1

大卫：玛丽，你好！
Dàwèi: Mǎlì, nǐ hǎo!

玛丽：你好，大卫！
Mǎlì: Nǐ hǎo, Dàwèi!

2

王兰： 你好吗？
Wáng Lán: Nǐ hǎo ma?

刘京： 我很好。 你好吗？
Liú Jīng: Wǒ hěn hǎo. Nǐ hǎo ma?

王兰： 我也很好。
Wáng Lán: Wǒ yě hěn hǎo.

注释　Комментарии

❶ 你好！　Здравствуйте!

　　日常问候语。任何时间、任何场合以及任何身份的人都可以使用。对方的回答也应是"你好"。

　　Это повседневное выражение приветствия, употребляемое любым человеком в любое время и в любом случае. Ответ собеседника на него тоже 《Здравствуйте》.

❷ 你好吗？　Как дела?

　　常用问候语。回答一般是"我很好"等套语。一般用于已经相识的人之间。

　　Это общеупотребительное выражение приветствия, которое употребляется между знакомыми. Для ответа обычно употребляется такое выражение, как 《Хорошо》.

 替换与扩展　Замена и дополнение

1. 替换　Замените

（1）你好！　　➤◀　　你们

（2）你好吗？　➤◀　　你们　她　他　他们

01 你好 Здравствуйте

2. 扩展　Дополнение

（1）A：你们好吗?
　　　Nǐmen hǎo ma?

　　B：我们都很好。
　　　Wǒmen dōu hěn hǎo.

　　A：你好吗?
　　　Nǐ hǎo ma?

　　B：我也很好。
　　　Wǒ yě hěn hǎo.

（2）A：你来吗?
　　　Nǐ lái ma?

　　B：我来。
　　　Wǒ lái.

　　A：爸爸妈妈来吗?
　　　Bàba māma lái ma?

　　B：他们都来。
　　　Tāmen dōu lái.

四　生词　Новые слова

1.	你好	nǐ hǎo		Привет!
2.	你	nǐ	代	ты
3.	好	hǎo	形	хороший, хорошо
4.	吗	ma	助	(модальная частица)
5.	我	wǒ	代	я
6.	很	hěn	副	очень
7.	也	yě	副	тоже
8.	你们	nǐmen	代	вы
9.	她	tā	代	она
10.	他	tā	代	он
11.	他们	tāmen	代	они
12.	我们	wǒmen	代	мы

13.	都	dōu	副	всё, все
14.	来	lái	动	приходить, приезжать
15.	爸爸	bàba	名	отец, папа
16.	妈妈	māma	名	мать, мама

专名 Имена собственные

1.	大卫	Dàwèi	Давид
2.	玛丽	Mǎlì	Мария
3.	王兰	Wáng Lán	Ван Лань
4.	刘京	Liú Jīng	Лю Цзин

五 语音 Фонетика

1. 声母、韵母（1） Инициали и финали (1)

声母 Инициали	b	p	m	f
	d	t	n	l
	g	k	h	

韵母 Финали	a	o	e	i	u	ü
	ai	ei	ao	ou		
	en	ie	uo			
	an	ang	ing	iou (iu)		

2. 拼音（1） Пиньинь (Фонетический алфавит) (1)

	a	o	e	ai	ei	ao	ou	an	en	ang
b	ba	bo		bai	bei	bao		ban	ben	bang
p	pa	po		pai	pei	pao	pou	pan	pen	pang
m	ma	mo	me	mai	mei	mao	mou	man	men	mang
f	fa	fo			fei		fou	fan	fen	fang
d	da		de	dai	dei	dao	dou	dan	den	dang
t	ta		te	tai	tei	tao	tou	tan		tang
n	na		ne	nai	nei	nao	nou	nan	nen	nang
l	la		le	lai	lei	lao	lou	lan		lang
g	ga		ge	gai	gei	gao	gou	gan	gen	gang
k	ka		ke	kai	kei	kao	kou	kan	ken	kang
h	ha		he	hai	hei	hao	hou	han	hen	hang

3. 声调 Тоны

汉语是有声调的语言。汉语语音有四个基本声调，分别用声调符号 " ˉ "（第一声）、" ˊ "（第二声）、" ˇ "（第三声）、" ˋ "（第四声）表示。

Китайсжий язык – тональный язык. В китайском языке существуют четыре основных тона, которые обозначаются следующими знаками: ˉ (первый тон), ˊ (второй тон), ˇ (третий тон), ˋ (четвёртый тон).

声调有区别意义的作用。例如，mā（妈）、má（麻）、mǎ（马）、mà（骂），声调不同，意思也不同。

С помощью тонов можно различать значения слов. Разные тоны обозначают разные слова с разными значениями. Напремер, mā (мать), má (конопля), mǎ (конь), mà (ругать).

当一个音节只有一个元音时，声调符号标在元音上（元音 i 上有调号时要去掉 i 上的点儿，例如：nǐ）。一个音节的韵母有两个或两个以上的元音时，声调符号要标在主要元音上。例如：lái。

Когда в слоге только одно гласное, знак тона ставится над гласным (если это гласное i, то знак тона заменяет точку над гласным i, например, nǐ). Когда в слоге два или более гласных, знак тона ставится над главным гласным, например, lái.

声调示意图 Схема тонов

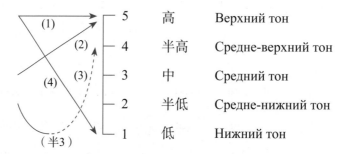

- 第一声 первый тон ′ 第二声 второй тон ˇ 第三声 третий тон ` 第四声 четвёртый тон

4. 轻声　Лёгкий тон

普通话里有一些音节读得又轻又短，叫作轻声。书写时轻声不标调号。例如：bàba（爸爸）、tāmen（他们）。

В литературном китайском языке (путунхуа) существуют слоги, которые произносятся легко и коротко. Такой слог называется лёгким слогом, который пишется без знака тона. Например, bàba (отец), tāmen (они).

5. 变调　Изменение тона

（1）两个第三声音节连在一起时，前一个音节变为第二声（调号仍用"ˇ"）。例如，"你好 nǐ hǎo"的实际读音为"ní hǎo"。

Если в словосочетании присутствуют два слога с третьим тоном, то первый из них меняется на второй, но знак тона остается неизменным, например, 《你好 nǐ hǎo》(Здравствуйте) произносится как 《ní hǎo》.

（2）第三声音节在第一、二、四声和大部分轻声音节前边时，要变成"半三声"。半三声就是只读原来第三声的前一半降调。例如：nǐmen（你们）→ nǐmen。

Когда слог с третьим тоном ставится перед слогом с другими тонами, то третий тон становится «неполным», то есть, произносится лишь его нисходящая часть. Например: nǐmen《你们》→ nǐmen.

6. 拼写说明（1） Орфография (1)

以 i 或 u 开头的韵母，前面没有声母时，须把 i 改写为 y，把 u 改写为 w。例如：ie → ye, uo → wo.

В финалях, начинающихся с 《i》 или 《u》, когда перед ними нет инициалей, то вместо 《i》 пишется 《y》, вместо 《u》 пишется 《w》, например: ie → ye, uo → wo.

六 练习 Упражнения

1. 完成对话 Закончите диалоги

（1）A：你好！

　　B：_____！

　　A：他好吗？

　　B：_____。

（2）A、B：你好！

　　C：_____！

（3）玛丽：你好吗？

　　王兰：_____。你好吗？

　　玛丽：_____。刘京好吗？

　　王兰：_____。我们 _____。

2. 情景会话 Составьте диалоги по следующим ситуациям

（1）你和同学见面，互相问候。
　　Вы встречаетесь с товарищем и приветствуете его.

（2）你去朋友家，见到他/她的爸爸妈妈，向他们问候。
　　В гостях у друга. Вы приветствуете его родителей.

3. 在课堂上，同学、老师互相问候 На уроке преподаватель и учащиеся приветствуют друг друга

4. 语音练习 Упражнения по фонетике

(1) 辨音 Различите звуки

bā （八）	pā （啪）	dā （搭）	tā （他）
gòu （够）	kòu （扣）	bái （白）	pái （排）
dào （到）	tào （套）	gǎi （改）	kǎi （凯）

(2) 轻声 Лёгкий тон

tóufa （头发）	name （那么）
hēi de （黑的）	gēge （哥哥）
lái ba （来吧）	mèimei （妹妹）

(3) 变调 Изменение тона

bǔkǎo （补考）	hěn hǎo （很好）
dǎdǎo （打倒）	fěnbǐ （粉笔）
měihǎo （美好）	wǔdǎo （舞蹈）
nǐ lái （你来）	hěn lèi （很累）
měilì （美丽）	hǎiwèi （海味）
hěn hēi （很黑）	nǎge （哪个）

wènhòu
问候（2）
Приветствие (2)

02 你身体好吗
Как твоё здоровье

 句 子 Речевые образцы

005 | 你早！① Доброе утро!
　　　Nǐ zǎo!

006 | 你身体好吗？ Как твоё здоровье?
　　　Nǐ shēntǐ hǎo ma?

007 | 谢谢！ Спасибо!
　　　Xièxie!

008 | 再见！ До свидания!
　　　Zàijiàn!

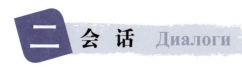 **会 话** Диалоги

1

李老师：你早！
Lǐ lǎoshī: Nǐ zǎo!

王老师：你早！
Wáng lǎoshī: Nǐ zǎo!

Приветствие (2)　9

李老师：你身体好吗？
Lǐ lǎoshī: Nǐ shēntǐ hǎo ma?

王老师：很好。谢谢！
Wáng lǎoshī: Hěn hǎo. Xièxie!

2

张老师：你们好吗？
Zhāng lǎoshī: Nǐmen hǎo ma?

王兰：我们都很好。
Wáng Lán: Wǒmen dōu hěn hǎo.

您② 身体好吗？
Nín shēntǐ hǎo ma?

张老师：也很好。再见！
Zhāng lǎoshī: Yě hěn hǎo. Zàijiàn!

刘京：再见！
Liú Jīng: Zàijiàn!

注释　Комментарии

❶ 你早！ Доброе утро!

问候语，只在早上见面时说。

Это выражение приветствия, которое употребляется, когда люди встречаются друг с другом утром.

❷ 您　Вы

第二人称代词"你"的尊称。通常用于老年人或长辈。为了表示礼貌，对同辈人，特别是初次见面时，也可用"您"。

Это форма вежливого обращения местоимения второго лица 《你》. Обычно слово 《您》 употребляется в обращении к старым или старшим. Тоже можно употреблять между сверстниками, особенно при первой встрече.

三 替换与扩展　Замена и дополнение

1. 替换　Замените

（1）你早！　>><<　您　你们　张老师　李老师

（2）你身体好吗？　>><<　他　你们　他们　王老师　张老师

2. 扩展　Дополнение

（1）五号　　　八号　　　九号
　　 wǔ hào　　bā hào　　jiǔ hào

　　 十四号　　二十七号　　三十一号
　　 shísì hào　èrshíqī hào　sānshíyī hào

（2）A：今天六号。李老师来吗？
　　　　Jīntiān liù hào. Lǐ lǎoshī lái ma?

　　 B：她来。
　　　　Tā lái.

四 生词　Новые слова

1.	早	zǎo	形	ранний
2.	身体	shēntǐ	名	тело, здоровье
3.	谢谢	xièxie	动	спасибо; благодарить
4.	再见	zàijiàn	动	до свидания

5.	老师	lǎoshī	名	преподаватель; учитель
6.	您	nín	代	вы
7.	一	yī	数	один
8.	二	èr	数	два
9.	三	sān	数	три
10.	四	sì	数	четыре
11.	五	wǔ	数	пять
12.	六	liù	数	шесть
13.	七	qī	数	семь
14.	八	bā	数	восемь
15.	九	jiǔ	数	девять
16.	十	shí	数	десять
17.	号（日）	hào (rì)	量	число
18.	今天	jīntiān	名	сегодня

专名 Имена собственные

1.	李	Lǐ	Ли (фамилия)
2.	王	Wáng	Ван (фамилия)
3.	张	Zhāng	Чжан (фамилия)

02 你身体好吗 | Как твоё здоровье

五 语音 Фонетика

1. 声母、韵母（2） Инициали и финали (2)

声母 Инициали	j q x z c s zh ch sh r
韵母 Финали	an en ang eng ong ia iao ie iou (iu) ian in iang ing iong -i er

2. 拼音（2） Пиньинь (Фонетический алфавит) (2)

	i	ia	iao	ie	iou (iu)	ian	in	iang	ing	iong
j	ji	jia	jiao	jie	jiu	jian	jin	jiang	jing	jiong
q	qi	qia	qiao	qie	qiu	qian	qin	qiang	qing	qiong
x	xi	xia	xiao	xie	xiu	xian	xin	xiang	xing	xiong

	a	e	-i	ai	ei	ao	ou	an	en	ang	eng	ong
z	za	ze	zi	zai	zei	zao	zou	zan	zen	zang	zeng	zong
c	ca	ce	ci	cai	cei	cao	cou	can	cen	cang	ceng	cong
s	sa	se	si	sai		sao	sou	san	sen	sang	seng	song
zh	zha	zhe	zhi	zhai	zhei	zhao	zhou	zhan	zhen	zhang	zheng	zhong
ch	cha	che	chi	chai		chao	chou	chan	chen	chang	cheng	chong
sh	sha	she	shi	shai	shei	shao	shou	shan	shen	shang	sheng	
r		re	ri			rao	rou	ran	ren	rang	reng	rong

Приветствие (2)

3. 拼写说明（2） Орфография (2)

（1）韵母 i 或 u 自成音节时，前边分别加 y 或 w。例如：i → yi, u → wu。

Когда инициали ⟨i⟩ и ⟨u⟩ сами образуют слоги без финалей, то перед ⟨i⟩ пишется ⟨y⟩, а перед ⟨u⟩-⟨w⟩. Например, i → yi, u → wu.

（2）-i 代表 z、c、s 后的舌尖前元音 [ɿ]，也代表 zh、ch、sh、r 后的舌尖后元音 [ʅ]。在读 zi、ci、si 或 zhi、chi、shi、ri 时，不要把 -i 读成 [i]。

-i обозначает: ①переднеязычный гласный переднего ряда [ɿ] (после z, c, s); ②переднеязычный гласный заднего ряда [ʅ] (после zh, ch, sh, r). Обратите внимание на эту разницу, а также на разницу с [i].

（3）iou 在跟声母相拼时，中间的元音 o 省略，写成 iu。调号标在后一元音上。例如：jiǔ（九）。

iou после инициали пишется как -iu. Знак тона ставится над последним гласным. Например, jiǔ (九).

六 练习 Упражнения

1. 完成对话　Закончите диалоги

（1）A、B：老师，＿＿＿＿＿＿＿＿！

　　　老师：＿＿＿＿＿＿＿＿！

（2）大卫：刘京，你身体＿＿＿＿＿＿＿？

　　　刘京：＿＿＿＿＿＿＿，谢谢！

　　　大卫：王兰也好吗？

　　　刘京：＿＿＿＿＿＿。我们＿＿＿＿＿＿。

（3）王兰：妈妈，您身体好吗？

　　　妈妈：＿＿＿＿＿＿＿。

王兰：爸爸_____？

妈妈：他也很好。

2. 熟读下列短语　Выучите наизусть следующие словосочетания

| 也来
都来
再来 | 很好
也很好
都很好 | 谢谢你
谢谢您
谢谢你们
谢谢老师 | 老师再见
王兰再见
爸爸妈妈再见 |

3. 情景会话　Составьте диалоги по следующим ситуациям

（1）两人互相问候并问候对方的爸爸妈妈。

　　　Два человека приветствуют друг друга и передают привет их родителям.

（2）同学们和老师见面，互相问候（同学和同学，同学和老师；一个人和几个人，几个人和另外几个人）。

　　　Преподаватель и учащиеся приветствуют друг друга.

4. 语音练习　Упражнения по фонетике

(1) 辨音　Различите звуки

shāngliang （商量）	—	xiǎngliàng （响亮）
zhīxī （知悉）	—	zhīxīn （知心）
zájì （杂技）	—	zázhì （杂志）
dàxǐ （大喜）	—	dàshǐ （大使）
bù jí （不急）	—	bù zhí （不直）
xīshēng （牺牲）	—	shīshēng （师生）

(2) 辨调　Различите тоны

bā kē	（八棵）	——	bà kè	（罢课）
bùgào	（布告）	——	bù gāo	（不高）
qiān xiàn	（牵线）	——	qiánxiàn	（前线）
xiǎojiě	（小姐）	——	xiǎo jiē	（小街）
jiàoshì	（教室）	——	jiàoshī	（教师）

(3) 读下列词语　Прочитайте следующие слова

zǒu lù	（走路）	chūfā	（出发）
shōurù	（收入）	liànxí	（练习）
yǎn xì	（演戏）	sùshè	（宿舍）

wènhòu
问候（3）
Приветствие (3)

03 你工作忙吗
У тебя много работы

 句 子 Речевые образцы

009 | 你 工作 忙 吗？ У тебя много работы?
Nǐ gōngzuò máng ma?

010 | 很 忙， 你 呢？① Да, очень. А у тебя?
Hěn máng, nǐ ne?

011 | 我 不 太 忙。 Не очень много.
Wǒ bú tài máng.

012 | 你 爸爸 妈妈 身体 好 吗？
Nǐ bàba māma shēntǐ hǎo ma?
Как ваши родители?

 **会 话** Диалоги

1

李老师：你好！
Lǐ lǎoshī: Nǐ hǎo!

张老师：你好！
Zhāng lǎoshī: Nǐ hǎo!

李老师：你工作忙吗？
Lǐ lǎoshī: Nǐ gōngzuò máng ma?

张老师：很忙，你呢？
Zhāng lǎoshī: Hěn máng, nǐ ne?

李老师：我不太忙。
Lǐ lǎoshī: Wǒ bú tài máng.

2

大卫：老师，您早！
Dàwèi: Lǎoshī, nín zǎo!

玛丽：老师好！
Mǎlì: Lǎoshī hǎo!

张老师：你们好！
Zhāng lǎoshī: Nǐmen hǎo!

大卫：老师忙吗？
Dàwèi: Lǎoshī máng ma?

张老师：很忙，你们呢？
Zhāng lǎoshī: Hěn máng, nǐmen ne?

大卫：我不忙。
Dàwèi: Wǒ bù máng.

玛丽：我也不忙。
Mǎlì: Wǒ yě bù máng.

03 你工作忙吗   У тебя много работы

3

王兰： 刘京，你好！
Wáng Lán: Liú Jīng, nǐ hǎo!

刘京： 你好！
Liú Jīng: Nǐ hǎo!

王兰： 你爸爸妈妈身体好吗？
Wáng Lán: Nǐ bàba māma shēntǐ hǎo ma?

刘京： 他们都很好。谢谢！
Liú Jīng: Tāmen dōu hěn hǎo. Xièxie!

注释   Комментарии

❶ 你呢？   А у тебя?

承接上面的话题提出问题。例如："我很忙，你呢"的意思是"你忙吗"，"我身体很好，你呢"的意思是"你身体好吗"。

Выражение 《你呢》 продолжает тему разговора и задает один и тот же вопрос. Например,《我很忙，你呢》значит《У меня много работы. У тебя тоже много》,《我身体很好，你呢》значит《Мне хорошо. Тебе тоже хорошо》.

  替换与扩展   Замена и дополнение

1. 替换   Замените

（1）老师<u>忙</u>吗？   好   累

（2）A：你<u>爸爸妈妈</u>身体好吗？   哥哥姐姐
       B：他们都很好。   弟弟妹妹

Приветствие (3)

2. 扩展　Дополнение

（1）一月　　　二月　　　六月　　　十二月
　　　yīyuè　　èryuè　　liùyuè　　shí'èryuè

（2）今天十月三十一号。
　　　Jīntiān shíyuè sānshíyī hào.

　　　明天十一月一号。
　　　Míngtiān shíyīyuè yī hào.

　　　今年二〇一五年，明年二〇一六年。
　　　Jīnnián èr líng yī wǔ nián, míngnián èr líng yī liù nián.

四　生词　Новые слова

1.	工作	gōngzuò	动/名	работать; работа
2.	忙	máng	形	занятый
3.	呢	ne	助	(модальная частица)
4.	不	bù	副	не; нет
5.	太	tài	副	очень
6.	累	lèi	形	усталый
7.	哥哥	gēge	名	старший брат
8.	姐姐	jiějie	名	старшая сестра
9.	弟弟	dìdi	名	младший брат
10.	妹妹	mèimei	名	младшая сестра
11.	月	yuè	名	луна; месяц
12.	明天	míngtiān	名	завтра

13.	年	nián	名	год
14.	今年	jīnnián	名	этот год
15.	○（零）	líng	数	нуль
16.	明年	míngnián	名	следующий год

五 语音 Фонетика

1. 声母、韵母（3） Инициали и финали (3)

| 韵母 Финали | ua uo uai uei (ui) uan uen (un) uang ueng
üe üan ün |

2. 拼音（3） Пиньинь (Фонетический алфавит) (3)

	u	ua	uo	uai	uei (ui)	uan	uen (un)	uang
d	du		duo		dui	duan	dun	
t	tu		tuo		tui	tuan	tun	
n	nu		nuo			nuan	nun	
l	lu		luo			luan	lun	
z	zu		zuo		zui	zuan	zun	
c	cu		cuo		cui	cuan	cun	
s	su		suo		sui	suan	sun	
zh	zhu	zhua	zhuo	zhuai	zhui	zhuan	zhun	zhuang
ch	chu	chua	chuo	chuai	chui	chuan	chun	chuang

	u	ua	uo	uai	uei (ui)	uan	uen (un)	uang
sh	shu	shua	shuo	shuai	shui	shuan	shun	shuang
r	ru	rua	ruo		rui	ruan	run	
g	gu	gua	guo	guai	gui	guan	gun	guang
k	ku	kua	kuo	kuai	kui	kuan	kun	kuang
h	hu	hua	huo	huai	hui	huan	hun	huang

	ü	üe	üan	ün
n	nü	nüe		
l	lü	lüe		
j	ju	jue	juan	jun
q	qu	que	quan	qun
x	xu	xue	xuan	xun

3. 拼写说明（3）　Орфография (3)

（1）ü 自成音节或在一个音节开头时写成 yu。例如：Hànyǔ（汉语）、yuànzi（院子）。

ü пишется как yu в однозвуковом слоге или в начале слога. Например, Hànyǔ (китайский язык), yuànzi (двор).

（2）j、q、x 与 ü 及以 ü 开头的韵母相拼时，ü 上的两点儿省略。例如：jùzi（句子）、xuéxí（学习）。

Когда j, q, x ставится перед ü или финалью, начинающейся с ü, то ü пишется как u. Например, jùzi (предложение), xuéxí (учиться)

（3）uei、uen 跟声母相拼时，中间的元音省略，写成 ui、un。例如：huí（回）、dūn（吨）。

Когда uei и uen ставится после инициали, они пишутся как -ui и -un. Например, huí (вернуться), dūn (тонна).

4. "不""一"的变调　Изменение тона слов《不》и《一》

（1）"不"在第四声音节前或由第四声变来的轻声音节前读第二声 bú，例如：bú xiè（不谢）、búshi（不是）；在第一、二、三声音节前仍读第四声 bù，例如：bù xīn（不新）、bù lái（不来）、bù hǎo（不好）。

Перед слогом с четвертым или легким тоном 《不》 произносится как bú. Например, bú xiè (не за что), búshi (нет). Перед слогом с другими тонами он произносится как bù. Например, bù xīn (не новый), bù lái (не прийти / приехать), bù hǎo (не хорошо).

（2）"一"在第四声音节前或由第四声变来的轻声音节前读第二声 yí，例如：yí kuài（一块）、yí ge（一个）；在第一、二、三声音节前读第四声 yì，例如：yì tiān（一天）、yì nián（一年）、yìqǐ（一起）。

Перед слогом с четвертым или легким тоном 《一》 прошносится как yí. Например, yí kuài (один кусок), yí ge (одна штука). Перед слогом с другими тонами он произносится как yì. Например, yì tiān (один день), yì nián (один год), yìqǐ (вместе).

5. 儿化　Эризация

er 常常跟其他韵母结合在一起，使该韵母成为儿化韵母。儿化韵母的写法是在原韵母之后加 -r。例如：wánr（玩儿）、huār（花儿）。

Суффикс 《er》 часто добавляется к концу слога. Такая финаль с 《er》 называется эризованной. При написании надо добавить 《r》 после финаля. Например, wánr (играть), huār (цветочек).

6. 隔音符号　Слогоразделительный знак

a、o、e 开头的音节连接在其他音节后面时，为了使音节界限清楚，不致混淆，要用隔音符号" ' "隔开。例如：nǚ'ér（女儿）。

Когда слог, начинающийся со слогообразующих гласных звуков, следует за другим слогом, надо употреблять отделительный знак, чтобы определить границу между двумя слогами. Слогоразделительный знак 《'》 ставится между начальным 《a, o, e》 и финалью предыдущего слога, чтобы разделить два слога. Например, nǚ'ér (дочь).

六 练 习 Упражнения

1. 熟读下列短语并造句 Выучите наизусть следующие слова и составьте предложения

不好
不太好

都不忙
也很忙
都很忙

不累
不太累
都不累

2. 用所给词语完成对话 Закончите диалоги приведенными словами

（1）A：今天你来吗？

　　B：_____。（来）

　　A：明天呢？

　　B：_____。（也）

（2）A：今天你累吗？

　　B：我不太累。_____？（呢）

　　A：我_____。（也）

　　B：明天你_____？（来）

　　A：_____。（不）

（3）A：你爸爸忙吗？

　　B：_____。（忙）

　　A：_____？（呢）

　　B：她也很忙。我爸爸妈妈_____。（都）

03 你工作忙吗   У тебя много работы

3. 根据实际情况回答下列问题并互相对话   И составьте диалоги

（1）你身体好吗？

（2）你忙吗？

（3）今天你累吗？

（4）明天你来吗？

（5）你爸爸（妈妈、哥哥、姐姐……）身体好吗？

（6）他们忙吗？

4. 语音练习   Упражнения по фонетике

（1）辨音   Различите звуки

zhǔxí	（主席）	chūxí	（出席）
shàng chē	（上车）	shàngcè	（上策）
shēngchǎn	（生产）	zēng chǎn	（增产）
huádòng	（滑动）	huódòng	（活动）
xīn qiáo	（新桥）	xīn qiú	（新球）
tuīxiāo	（推销）	tuì xiū	（退休）

（2）辨调   Различите тоны

càizǐ	（菜籽）	cáizǐ	（才子）
tóngzhì	（同志）	tǒngzhì	（统治）
héshuǐ	（河水）	hē shuǐ	（喝水）
xìqǔ	（戏曲）	xīqǔ	（吸取）
huíyì	（回忆）	huìyì	（会议）

(3) er 和儿化韵　　er и эризация

értóng	（儿童）	nǚ'ér	（女儿）
ěrduo	（耳朵）	èrshí	（二十）
yíhuìr	（一会儿）	yìdiǎnr	（一点儿）
yíxiàr	（一下儿）	yǒudiǎnr	（有点儿）
huār	（花儿）	wánr	（玩儿）
xiǎoháir	（小孩儿）	bīnggùnr	（冰棍儿）

xiāngshí
相识（1）
Знакомство (1)

04 您贵姓
Как ваша фамилия

 句 子 **Речевые образцы**

013 | 我 叫 玛丽。 Меня зовут Мария.
     | Wǒ jiào Mǎlì.

014 | 认识 你， 我 很 高兴。
     | Rènshi nǐ, wǒ hěn gāoxìng.
     | Очень приятно с вами познакомиться.

015 | 您 贵 姓？① Как ваша фамилия?
     | Nín guìxìng?

016 | 你 叫 什么 名字？② Как тебя зовут?
     | Nǐ jiào shénme míngzi?

017 | 她 姓 什么？③ Как ее фамилия?
     | Tā xìng shénme?

018 | 她 不 是 老师， 她 是 学生。
     | Tā bú shì lǎoshī, tā shì xuésheng.
     | Она не преподаватель. Она студент.

Знакомство (1) 27

二 会话 Диалоги

1

玛丽： 我叫玛丽，你姓什么？
Mǎlì: Wǒ jiào Mǎlì, nǐ xìng shénme?

王兰： 我姓王，我叫王兰。
Wáng Lán: Wǒ xìng Wáng, wǒ jiào Wáng Lán.

玛丽： 认识你，我很高兴。
Mǎlì: Rènshi nǐ, wǒ hěn gāoxìng.

王兰： 认识你，我也很高兴。
Wáng Lán: Rènshi nǐ, wǒ yě hěn gāoxìng.

2

大卫： 老师，您贵姓？
Dàwèi: Lǎoshī, nín guìxìng?

张老师： 我姓张。你叫什么名字？
Zhāng lǎoshī: Wǒ xìng Zhāng. Nǐ jiào shénme míngzi?

大卫： 我叫大卫。她姓什么？
Dàwèi: Wǒ jiào Dàwèi. Tā xìng shénme?

张老师： 她姓王。
Zhāng lǎoshī: Tā xìng Wáng.

04 您贵姓 Как ваша фамилия

大卫： 她是老师吗？
Dàwèi: Tā shì lǎoshī ma?

张老师： 她不是老师， 她是学生。
Zhāng lǎoshī: Tā bú shì lǎoshī, tā shì xuésheng.

注释　Комментарии

❶ 您贵姓？　Как ваша фамилия？

"贵姓"是尊敬、客气地询问姓氏的敬辞。只用于第二人称。回答时要说"我姓……"，不能说"我贵姓……"。

Это почтительное, вежливое выражение, которое употребляется для выяснении фамилии собеседника. Поэтому нельзя сказать 《我贵姓……》, а просто 《我姓……》.

❷ 你叫什么名字？　Как тебя зовут？

也可以说"你叫什么"。用于长辈对晚辈，或者年轻人之间互相询问姓名。对长辈表示尊敬、客气时，不能用这种问法。

Можно сказать и 《你叫什么》. Выражение употребляется старшими к младшим или между сверстниками (обычно молодыми). Нельзя с этим выражением обращаться к старшим, или к тем, к которым надо относиться почтительно и вежливо.

❸ 她姓什么？　Как ее фамилия？

询问第三者姓氏时用。不能用"她贵姓"。

Выражение употребляется для выяснения фамилии другого лица. Нельзя сказать 《她贵姓》.

替换与扩展　Замена и дополнение

1. 替换　Замените

（1）我认识你。

| 他 | 玛丽 | 那个学生 |
| 他们 | 老师 | 这个人 |

Знакомство (1)

（2）A：她是<u>老师</u>吗？
B：她不是<u>老师</u>，她是<u>学生</u>。

| 大夫 | 留学生 |
| 妹妹 | 姐姐 |

2. 扩展　Дополнение

A：我不认识那个人，她叫什么？
　　Wǒ bú rènshi nàge rén, tā jiào shénme?

B：她叫玛丽。
　　Tā jiào Mǎlì.

A：她是美国人吗？
　　Tā shì Měiguórén ma?

B：是，她是美国人。
　　Shì, tā shì Měiguórén.

四　生词　Новые слова

1.	叫	jiào	动	звать
2.	认识	rènshi	动	знакомить(ся)
3.	高兴	gāoxìng	形	рад, приятно
4.	贵姓	guìxìng	名	ваша фамилия
5.	什么	shénme	代	что
6.	名字	míngzi	名	имя
7.	姓	xìng	动/名	фамилия

8.	是	shì	动	есть, являться
9.	学生	xuésheng	名	ученик, студент
10.	那	nà	代	тот
11.	个	gè	量	(счётное слово)
12.	这	zhè	代	этот
13.	人	rén	名	человек
14.	大夫	dàifu	名	врач
15.	留学生	liúxuéshēng	名	иностранный студент
16.	朋友	péngyou	名	друг

专名 Имена собственные

美国	Měiguó	США

五 语法 Грамматика

1. 用"吗"的问句　Вопросы со словом 《吗》

在陈述句末尾加上表示疑问语气的助词"吗"，就构成了一般疑问句。例如：

Общие вопросы образуются с помощью модальной частицы 《吗》, которая добавляется к концу повествовательного предложения. Например:

> ① 你好吗？　　　　　　　② 你身体好吗？
> ③ 你工作忙吗？　　　　　④ 她是老师吗？

2. 用疑问代词的问句　Вопросы с вопросительными местоимениями

用疑问代词（"谁""什么""哪儿"等）的问句，其词序跟陈述句一样。把陈述句中需要提问的部分改成疑问代词，就构成了疑问句。例如：

Специальные вопросы образуются с помощью вопросительных местоимений (《谁》《什么》《哪儿》и т.д.), которые ставятся на место ответа. Структура предложений остается неизменной (т. е. как у повествовательных предложений). Например:

> ① 他姓什么？　　　② 你叫什么名字？
> ③ 谁（shéi）是大卫？　④ 玛丽在哪儿（nǎr）？

3. 形容词谓语句　Предложение с прилагательным в роли сказуемого

谓语的主要成分是形容词的句子，叫作形容词谓语句。例如：

В китайском языке существуют предложения, сказуемым которого служит прилагательное. Например:

> ① 他很忙。　　　　② 他不太高兴。

六　练习　Упражнения

1. 完成对话　Закончите диалоги

(1) A：大夫，＿＿＿＿＿＿＿＿＿＿＿？

　　B：我姓张。

　　A：那个大夫＿＿＿＿＿＿＿＿＿？

　　B：他姓李。

(2) A：她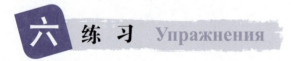？

　　B：是，她是我妹妹。

A：她 _____？

B：她叫京京。

（3）A：_____？

B：是，我是留学生。

A：你忙吗？

B：_____。你呢？

A：_____。

（4）A：今天你高兴吗？

B：_____。你呢？

A：_____。

2. 情景会话　Составьте диалоги по следующим ситуациям

（1）你和一个中国朋友初次见面，互相问候，问姓名，表现出高兴的心情。
Вы познакомились с китайским другом. Вы с удовольствием приветствуете друг друга и узнаете фамилии и имя друг у друга.

（2）你不认识弟弟的朋友，你向弟弟问他的姓名、身体和工作情况。
Вы узнали, что у брата хороший друг, но с ним вы не знакомы. Поэтому вы спрашиваете у брата его фамилию, имя, жизнь и профессию.

3. 看图说句子　Расскажите по картинкам

（1）认识　　　　　　（2）高兴　　　　　　（3）大夫

4. 听后复述　Прослушайте и перескажите

　　我认识王英,她是学生。认识她我很高兴。她爸爸是大夫,妈妈是老师。他们身体都很好,工作也很忙。她妹妹也是学生,她不太忙。

5. 语音练习　Упражнения по фонетике

(1) 辨音　Различите звуки

piāoyáng（飘扬）	——	biǎoyáng（表扬）
dǒng le（懂了）	——	tōng le（通了）
xiāoxi（消息）	——	jiāojí（焦急）
gǔ zhǎng（鼓掌）	——	gǔzhuāng（古装）
shǎo chī（少吃）	——	xiǎochī（小吃）

(2) 辨调　Различите тоны

běifāng（北方）	——	běi fáng（北房）
fènliang（分量）	——	fēn liáng（分粮）
mǎi huār（买花儿）	——	mài huār（卖花儿）
dǎ rén（打人）	——	dàrén（大人）
lǎo dòng（老动）	——	láodòng（劳动）
róngyì（容易）	——	róngyī（绒衣）

(3) 读下列词语：第一声＋第一声　Прочитайте следующие слова

fēijī	（飞机）	cānjiā	（参加）
fāshēng	（发生）	jiāotōng	（交通）
qiūtiān	（秋天）	chūntiān	（春天）
xīngqī	（星期）	yīnggāi	（应该）
chōu yān	（抽烟）	guānxīn	（关心）

xiāngshí
相识（2）
Знакомство (2)

05 我介绍一下儿
Разрешите мне представить

一 句子 Речевые образцы

019 | 他是谁？ Кто он?
Tā shì shéi?

020 | 我介绍一下儿①。Разрешите мне представить.
Wǒ jièshào yíxiàr.

021 | 你去哪儿？ Куда ты идёшь?
Nǐ qù nǎr?

022 | 张老师在家吗？ Профессор Чжан дома?
Zhāng lǎoshī zài jiā ma?

023 | 我是张老师的学生。
Wǒ shì Zhāng lǎoshī de xuésheng.
Я студент профессора Чжана.

024 | 请进！ Проходите!
Qǐng jìn!

05 我介绍一下儿 | Разрешите мне представить

二 会 话 Диалоги

1

玛丽： 王 兰，他 是 谁？
Mǎlì: Wáng Lán, tā shì shéi?

王兰： 玛丽，我 介绍 一下儿，这 是 我 哥哥。
Wáng Lán: Mǎlì, wǒ jièshào yíxiàr, zhè shì wǒ gēge.

王林： 我 叫 王 林。认识 你 很 高兴。
Wáng Lín: Wǒ jiào Wáng Lín. Rènshi nǐ hěn gāoxìng.

玛丽： 认识 你，我 也 很 高兴。
Mǎlì: Rènshi nǐ, wǒ yě hěn gāoxìng.

王兰： 你 去 哪儿？
Wáng Lán: Nǐ qù nǎr?

玛丽： 我 去 北京 大学。你们 去 哪儿？
Mǎlì: Wǒ qù Běijīng Dàxué. Nǐmen qù nǎr?

王林： 我们 去 商店。
Wáng Lín: Wǒmen qù shāngdiàn.

玛丽： 再见！
Mǎlì: Zàijiàn!

王兰、王林：再见！
Wáng Lán、Wáng Lín: Zàijiàn!

2

和子：张 老 师 在 家 吗？
Hézǐ: Zhāng lǎoshī zài jiā ma?

小英：在。您 是——②
Xiǎoyīng: Zài. Nín shì——

和子：我 是 张 老 师 的 学 生，
Hézǐ: Wǒ shì Zhāng lǎoshī de xuésheng,

我 姓 山 下， 叫 和 子。
wǒ xìng Shānxià, jiào Hézǐ.

你 是——
Nǐ shì——

小英：我 叫 小 英。张 老 师 是 我 爸 爸。请 进！
Xiǎoyīng: Wǒ jiào Xiǎoyīng. Zhāng lǎoshī shì wǒ bàba. Qǐng jìn!

和子：谢 谢！
Hézǐ: Xièxie!

注释　Комментарии

❶ 我介绍一下儿。Разрешите мне представить.

给别人作介绍时的常用语。"一下儿"表示动作经历的时间短或轻松随便。这里是表示后一种意思。

Это общеупотребительное выражение, когда вы хотите познакомить одного с другим. 《一下儿》обозначает краткое или непринужденное действие. Здесь он обозначает непринужденное действие.

05 我介绍一下儿　Разрешите мне представить

❷ 您是——《А вы...》

意思是"您是谁"。被问者应接下去答出自己的姓名或身份。这种句子是在对方跟自己说话，而自己又不认识对方时发出的询问。注意："你是谁"这种问法不太客气，所以对不认识的人，当面一般不问"你是谁"，而是问"您是——"。

Это значит《Кто вы?》. Собеседник должен сообщить свое имя, профессия и т.д. Такое предложение употребляется, когда другой человек заводит разговор, а вы не знаете, кто он. Обратите внимание,《你是谁》（Кто ты?）– это не очень вежливое выражение. Поэтому вместо《你是谁》обычно употребляется《您是——》.

三　替换与扩展　Замена и дополнение

1. 替换　Замените

（1）<u>我介绍</u>一下儿。　　　你来　我看　你听　我休息

（2）A：你去哪儿？　　　　商店　宿舍　教室
　　 B：我去<u>北京大学</u>。　　酒吧　　　超市

（3）<u>张老师</u>在家吗？　　　你爸爸　你妈妈　你妹妹

2. 扩展　Дополнение

（1）A：你 去 商 店 吗？
　　　　Nǐ qù shāngdiàn ma?

　　 B：我 不 去 商 店, 我 回 家。
　　　　Wǒ bú qù shāngdiàn, wǒ huí jiā.

（2）A：大卫在宿舍吗？
　　　　Dàwèi zài sùshè ma?

　　　B：不在，他在３０２教室。
　　　　Bú zài, tā zài sān líng èr jiàoshì.

四　生词　Новые слова

1.	谁	shéi/shuí	代	кто
2.	介绍	jièshào	动	знакомить, представлять
3.	一下儿	yíxiàr	数量	немножко, разок
4.	去	qù	动	идти; ехать
5.	哪儿	nǎr	代	куда; где
6.	在	zài	动/介	быть; в/на (чём)
7.	家	jiā	名	дом
8.	的	de	助	(структурная частица)
9.	请	qǐng	动	приглашать; пожалуйста
10.	进	jìn	动	входить
11.	大学	dàxué	名	университет
12.	商店	shāngdiàn	名	магазин
13.	看	kàn	动	смотреть
14.	听	tīng	动	слушать
15.	休息	xiūxi	动	отдыхать
16.	宿舍	sùshè	名	общежитие
17.	教室	jiàoshì	名	аудитория

18.	酒吧	jiǔbā	名	бар
19.	超市	chāoshì	名	супермаркет
20.	回	huí	动	возвращаться

专名 Имена собственные

1.	王林	Wáng Lín	Ван Линь
2.	北京大学	Běijīng Dàxué	Пекинский университет
3.	山下和子	Shānxià Hézǐ	Ямашита Вако
4.	小英	Xiǎoyīng	Сяо Ин

五 语法 Грамматика

1. 动词谓语句 Предложение с глаголом в роли сказуемого

谓语的主要成分是动词的句子，叫作动词谓语句。动词如带有宾语，宾语在动词的后边。例如：

В китайском языке сказуемым большинства предложений служит глагол. Если это переходный глагол с объектом, то объект обычно ставится после глагола. Например:

① 他来。　　　　　　② 张老师在家。
③ 我去北京大学。

2. 表示领属关系的定语 Определение, выражающее принадлежность

（1）代词、名词作定语表示领属关系时，后面要加结构助词"的"。例如：他的书、张老师的学生、王兰的哥哥。

Когда личное местоимение или существительное употребляется в качестве определения, выражающего принадлежности, то после него надо ставить структурную частицу 《的》. Например, 《他的书》《张老师的学生》《王兰的哥哥》 и т.д.

（2）人称代词作定语，而中心语是亲属称谓，或表示集体、单位等的名词时，定语后可以不用"的"。例如：我哥哥、他姐姐、我们学校。

Когда личное местоимение употребляется в качестве определения, выражающего принадлежности, а определяемым словом является существительное, обозначающее родство, коллектив, организацию и т. п., то можно опустить структурную частицу 《的》. Например, 《我哥哥》《他姐姐》《我们学校》 и т.д.

3. "是"字句（1） Предложение со словом 《是》(1)

动词"是"和其他词或短语一起构成谓语的句子，叫作"是"字句。"是"字句的否定形式，是在"是"前加否定副词"不"。例如：

Глагол 《是》 вместе с другими словами или словосочетаниями служит сказуемого определяющего предложения. Отрицательная форма такого предложения образуется через добавление отрицательного наречия 《不》 перед словом 《是》. Например:

> ① 他是大夫。　　　　② 大卫是她哥哥。
> ③ 我不是学生，是老师。

六 练习　Упражнения

1. 熟读下列短语并造句　Выучите наизусть следующие слова и составьте предложения

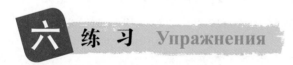

2. 用所给词语完成对话　Закончите диалоги приведенными словами

（1）A：王兰在哪儿？

　　B：_____。（教室）

　　A：_____？（去教室）

　　B：不。我_____。（回宿舍）

（2）A：你认识王林的妹妹吗？

　　B：_____。你呢？

　　A：我认识。

　　B：_____？（名字）

　　A：她叫王兰。

（3）A：_____？（商店）

　　B：去。

　　A：这个商店好吗？

　　B：_____。（好）

3. 看图说句子　Расскажите по картинкам

（1）去　　超市

（2）在　　教室

（3）回　　宿舍　　　　　　　　（4）是　　老师

4. 根据句中的画线部分，把句子改成用疑问代词提出问题的问句　Замените вопросительными местоимениями подчёркнутые части и составьте вопросы

（1）他是<u>我</u>的老师。➡ _____

（2）她姓<u>王</u>。➡ _____

（3）她叫<u>京京</u>。➡ _____

（4）<u>她</u>认识王林。➡ _____

（5）王老师去<u>教室</u>。➡ _____

（6）玛丽在<u>宿舍</u>。➡ _____

5. 听后复述　Прослушайте и перескажите

　　我介绍一下儿，我叫玛丽，我是美国留学生。那是大卫，他是我的朋友，他也是留学生，他是法国（Fǎguó, Франция）人。刘京、王兰是我们的朋友，认识他们我们很高兴。

6. 语音练习　Упражнения по фонетике

(1) 辨音　Различите звуки

zhīdao	（知道）	——	chídào	（迟到）
běnzi	（本子）	——	pénzi	（盆子）
zìjǐ	（自己）	——	cíqì	（瓷器）
niǎolóng	（鸟笼）	——	lǎonóng	（老农）
qílì	（奇丽）	——	qí lǘ	（骑驴）
jiāotì	（交替）	——	jiāo dì	（浇地）

(2) 辨调　Различите тоны

núlì	（奴隶）	——	nǔlì	（努力）
chīlì	（吃力）	——	chī lí	（吃梨）
jiù rén	（救人）	——	jiǔ rén	（九人）
měijīn	（美金）	——	méi jìn	（没劲）
zhuāng chē	（装车）	——	zhuàng chē	（撞车）
wán le	（完了）	——	wǎn le	（晚了）

(3) 读下列词语：第一声 + 第二声　Прочитайте следующие слова

bā lóu	（八楼）	gōngrén	（工人）
jīnnián	（今年）	tī qiú	（踢球）
huānyíng	（欢迎）	shēngcí	（生词）
dāngrán	（当然）	fēicháng	（非常）
gōngyuán	（公园）	jiātíng	（家庭）

复习（一）
Повторение（I）

一 会 话 Диалоги

1

林：你好！

A：林大夫，您好！

林：你爸爸妈妈身体好吗？

A：他们身体都很好。谢谢！

林：这是——

A：这是我朋友，叫马小民（Mǎ Xiǎomín，Ма Сяоминь, имя парня）。

　〔对马小民说〕林大夫是我爸爸的朋友。

马：林大夫，您好！认识您很高兴。

林：认识你，我也很高兴。你们去哪儿？

马：我回家。

A：我去他家。您呢？

林：我去商店。再见！

A、马：再见！

2

高（Gāo, Гао, Фамилия）：马小民在家吗？

B：在。您贵姓？

高：我姓高，我是马小民的老师。

B：高老师，请进。

高：你是——

B：我是马小民的姐姐，我叫马小清（Mǎ Xiǎoqīng, Ма Сяочин, имя девушки）。

二 语 法 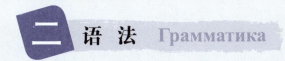 Грамматика

"也"和"都"的位置　Порядок 《也》и 《都》

（1）副词"也"和"都"必须放在主语之后、谓语动词或形容词之前。"也""都"同时修饰谓语时，"也"必须在"都"前边。例如：

Наречия 《也》и 《都》ставятся между подлежащим и глаголом или прилагательным в роли сказуемого. Когда оба ставятся перед сказуемым, 《也》стоит перед 《都》. Например：

> ① 我也很好。
>
> ② 他们都很好。
>
> ③ 我们都是学生，他们也都是学生。

（2）"都"一般总括它前边出现的人或事物，因此只能说"我们都认识他"，不能说"我都认识他们"。

Наречие 《都》перед сказуемым указывает, что действие его распространяется на все подлежащие или на все обстоятельства в равной мере. Поэтому можно сказать 《我们都认识他》, но не 《我都认识他们》.

三 练 习 Упражнения

1. 辨音辨调 Различите звуки и тоны

（1）送气音与不送气音 Придыхательный звук и непридыхательный звук

b	bǎo le	饱了	наелся
p	pǎo le	跑了	убежали
d	dà de	大的	большой
t	tā de	他的	его
g	gāi zǒu le	该走了	пока
k	kāizǒu le	开走了	уехал
j	dì-jiǔ	第九	девятый
q	dìqiú	地球	Земля

（2）区别几个易混的声母和韵母 Различите инициали и финали

j–x	jiějie	（姐姐）	—	xièxie	（谢谢）
s–sh	sìshísì	（四十四）	—	shì yi shì	（试一试）
üe–ie	dàxué	（大学）	—	dàxiě	（大写）
uan–uang	yì zhī chuán	（一只船）	—	yì zhāng chuáng	（一张床）

（3）区别不同声调的不同意义 Различите значения разных тонов

yǒu	（有 есть）	—	yòu	（又 ещё раз）
jǐ	（几 сколько）	—	jì	（寄 посылать）
piāo	（漂 плавать）	—	piào	（票 билет）
shí	（十 десять）	—	shì	（是 да）
sī	（丝 шёлк）	—	sì	（四 четыре）
xǐ	（洗 мыть）	—	xī	（西 запад）

2. 三声音节连读 Прочитайте следующие словосочетания

（1）Wǒ hǎo.

Wǒ hěn hǎo.

Wǒ yě hěn hǎo.

（2）Nǐ yǒu.

Nǐ yǒu biǎo (часы).

Nǐ yě yǒu biǎo.

四　阅读短文　Прочитайте текст

他叫大卫。他是法国人。他在北京语言大学（Běijīng Yǔyán Dàxué, Пекинский университет языка и культуры）学习。

玛丽是美国人。她认识大卫。他们是同学（tóngxué, товарищ, одноклассник）。

刘京和（hé, и）王兰都是中国人（Zhōngguórén, китаец/китаянка）。他们都认识玛丽和大卫。他们常去留学生宿舍看玛丽和大卫。

玛丽和大卫的老师姓张。张老师很忙。他身体不太好。张老师的爱人（àiren, супруг/супруга）是大夫。她身体很好，工作很忙。

06 你的生日是几月几号

xúnwèn
询问（1）
Как задавать вопросы (1)

Когда у тебя день рождения

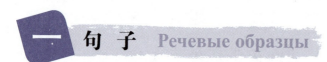 句 子　Речевые образцы

025　今天几号？　Какое сегодня число?
　　　Jīntiān jǐ hào?

026　今天八号。Сегодня 8-ое.
　　　Jīntiān bā hào.

027　今天不是星期四，昨天星期四。
　　　Jīntiān bú shì xīngqīsì, zuótiān xīngqīsì.
　　　Четверг не сегодня, а вчера.

028　晚上你做什么？
　　　Wǎnshang nǐ zuò shénme?
　　　Что ты будешь делать вечером?

029　你的生日是几月几号？
　　　Nǐ de shēngrì shì jǐ yuè jǐ hào?
　　　Когда у тебя день рождения?

030　我们上午去她家，好吗？
　　　Wǒmen shàngwǔ qù tā jiā, hǎo ma?
　　　Пойдём к ней утром, хорошо?

二 会 话 Диалоги

1

玛丽: 今天几号？
Mǎlì: Jīntiān jǐ hào?

大卫: 今天八号。
Dàwèi: Jīntiān bā hào.

玛丽: 今天星期四吗？
Mǎlì: Jīntiān xīngqīsì ma?

大卫: 今天不是星期四，昨天星期四。
Dàwèi: Jīntiān bú shì xīngqīsì, zuótiān xīngqīsì.

玛丽: 明天星期六，晚上你做什么？
Mǎlì: Míngtiān xīngqīliù, wǎnshang nǐ zuò shénme?

大卫: 我看电影，你呢？
Dàwèi: Wǒ kàn diànyǐng, nǐ ne?

玛丽: 我去酒吧。
Mǎlì: Wǒ qù jiǔbā.

2

玛丽: 王兰，你的生日是几月几号？
Mǎlì: Wáng Lán, nǐ de shēngrì shì jǐ yuè jǐ hào?

王兰: 三月十七号。你呢？
Wáng Lán: Sānyuè shíqī hào. Nǐ ne?

玛丽: 五月九号。
Mǎlì: Wǔyuè jiǔ hào.

王兰：四号是张丽英的生日。
Wáng Lán: Sì hào shì Zhāng Lìyīng de shēngrì.

玛丽：四号星期几？
Mǎlì: Sì hào xīngqī jǐ?

王兰：星期天。
Wáng Lán: Xīngqītiān.

玛丽：你去她家吗？
Mǎlì: Nǐ qù tā jiā ma?

王兰：去，你呢？
Wáng Lán: Qù, nǐ ne?

玛丽：我也去。
Mǎlì: Wǒ yě qù.

王兰：我们上午去，好吗？
Wáng Lán: Wǒmen shàngwǔ qù, hǎo ma?

玛丽：好。
Mǎlì: Hǎo.

三 替换与扩展　Замена и дополнение

1. 替换　Замените

(1) 今天几号？

| 昨天 | 这个星期六 |
| 明天 | 这个星期日 |

(2) A：晚上你做什么？
　　B：我看电影。

| 看书 | 听音乐 |
| 看电视 | 看微信 |

（3）我们<u>上午去她家</u>， 晚上去酒吧　下午去书店
　　　好吗？　　　　　　　　　　星期天听音乐　明天去买东西

2. 扩展　Дополнение

（1）A：明天是几月几号，星期几？
　　　　Míngtiān shì jǐ yuè jǐ hào, xīngqī jǐ?

　　B：明天是十一月二十八号，星期日。
　　　　Míngtiān shì shíyīyuè èrshíbā hào, xīngqīrì.

（2）这个星期五是我朋友的生日。他今年
　　　Zhège xīngqīwǔ shì wǒ péngyou de shēngrì. Tā jīnnián
　　　二十岁。下午我去他家看他。
　　　èrshí suì. Xiàwǔ wǒ qù tā jiā kàn tā.

四　生词　Новые слова

1.	几	jǐ	代	сколько
2.	星期	xīngqī	名	неделя
3.	昨天	zuótiān	名	вчера
4.	晚上	wǎnshang	名	вечер
5.	做	zuò	动	делать
6.	生日	shēngrì	名	день рождения
7.	上午	shàngwǔ	名	утро, первая половина дня
8.	电影	diànyǐng	名	фильм

9.	星期天 （星期日）	xīngqītiān (xīngqīrì)	名	воскресенье
10.	书	shū	名	книга
11.	音乐	yīnyuè	名	музыка
12.	电视	diànshì	名	телевизор
13.	微信	wēixìn	名	вэйчат (главный мессенджер в Китае)
14.	下午	xiàwǔ	名	после обеда, вторая половина дня
15.	书店	shūdiàn	名	книжный магазин
16.	买	mǎi	动	покупать
17.	东西	dōngxi	名	вещь; товар
18.	岁	suì	量	год

专名 Имена собственные

张丽英	Zhāng Lìyīng	Чжан Лиин

五 语法 Грамматика

1. 名词谓语句 Предложение с существительным в роли сказуемого

（1）由名词、名词短语或数量词等直接作谓语的句子，叫作名词谓语句。肯定句不用"是"（如用"是"则是动词谓语句）。这种句子主要用来表达时间、年龄、籍贯及数量等。例如：

Предложение с существительным (или именным словосочетанием, числительным)

в роли сказуемого обычно выражает время, возраст, место рождения, количество и т. д. В таком предложении не употребляется слово «是». Например:

① 今天星期天。　　　② 我今年二十岁。
③ 他北京人。

（2）如果要表示否定，在名词谓语前加"不是"，变成动词谓语句。例如：
При образовании отрицательной формы надо добавить 《不是》 перед существительным-сказуемым. Например:

④ 今天不是星期天。　　　⑤ 他不是北京人。

2. 年、月、日、星期的表示法　　Обозначение годов, месяцев, чисел и дней недели

（1）年的读法是直接读出每个数字。例如：
Говоря о годе, можно просто читать каждую цифру последовательно. Например:

一九九八年　　　　二〇〇六年
yī jiǔ jiǔ bā nián　　èr líng líng liù nián

二〇二四年
èr líng èr sì nián

（2）十二个月的名称是数词"一"至"十二"后边加"月"。例如：
Месяцы читаются как «числительное (1–12) +月». Например:

一月　　五月　　九月　　十二月
yīyuè　wǔyuè　jiǔyuè　shí'èryuè

（3）日的表示法同月。数词 1 至 31 后加"日"或"号"（"日"多用于书面语，"号"多用于口语）。

Числа читаются как «числительное (1–31) +日 или 号». 《日》 обычно употребляется в письменном языке, а 《号》 – в устном.

（4）星期的表示法是"星期"后加数词"一"至"六"。第七天为"星期日"，或叫"星期天"。

Дни недели читаются как «星期 + числительное (1–6)» (с понедельника по субботу; в отличие от западных стран в Китае первый день недели – это понедельник, а не воскресенье). Воскресенье называется《星期日》или《星期天》.

（5）年、月、日、星期的顺序如下：

Порядок года, месяца, числа и дня недели:

> 2021 年 6 月 12 日（星期六）

3. "……，好吗？"《……，好吗？》

（1）这是用来提出建议后，征询对方意见的一种问法。问句的前一部分是陈述句。例如：

Чтобы узнать мнение собеседника, можно добавить вопросительную частицу «好吗» («…, хорошо?») к концу предложения. Например:

> ① 你来我宿舍，好吗？　　② 明天去商店，好吗？

（2）如果同意，就用"好""好啊（wa）"等应答。

Если не против, то можно отвечать《好》《好啊》.

六 练习　Упражнения

1. 熟读下列短语并选择四个造句　Выучите наизусть следующие словосочетания, выберите четыре из них и составьте предложения

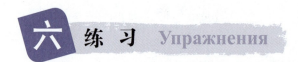

做什么　　看书　　他的生日
买什么　　看电影　　我的宿舍

06 你的生日是几月几号 Когда у тебя день рождения

星期天下午
明天上午
今天下午

看电视
听音乐
去书店

2. 完成对话 Закончите диалоги

（1）A：明天星期几？

B：_____。

A：_____？

B：我看电视。

（2）A：这个星期六是几月几号？

B：_____。

A：你去商店吗？

B：_____，我工作很忙。

（3）A：这个星期天晚上你做什么？

B：_____。你呢？

A：_____。

3. 谈一谈 Расскажите

（1）同学们互相介绍自己的生日。
　　　Расскажите о своем дне рождения.

（2）介绍一下儿你做下面几件事情的时间。
　　　Расскажите о том, когда ты делаешь следующее.

| 看书　　看电视　　听音乐　　买东西　　看电影 |

4. 听后复述 Прослушайте и перескажите

今天星期天，我不学习（xuéxí, заниматься, учиться）。上午我去商店，下午我去看电影，晚上我去酒吧。

5. 语音练习 Упражнения по фонетике

(1) 辨音 Различите звуки

zhuànglì （壮丽） —	chuànglì	（创立）
zǎoyuán （枣园） —	cǎoyuán	（草原）
rénmín （人民） —	shēngmíng	（声明）
pǎo bù （跑步） —	bǎohù	（保护）
niúnǎi （牛奶） —	yóulǎn	（游览）
qǐzǎo （起早） —	xǐ zǎo	（洗澡）

(2) 辨调 Различите тоны

túdì （徒弟） —	tǔdì	（土地）
xuèyè （血液） —	xuéyè	（学业）
cāi yi cāi （猜一猜） —	cǎi yi cǎi	（踩一踩）
zǔzhī （组织） —	zǔzhǐ	（阻止）
jiǎnzhí （简直） —	jiān zhí	（兼职）
jiǎng qíng （讲情） —	jiǎngqīng	（讲清）

(3) 读下列词语：第一声 + 第三声　Прочитайте следующие слова

qiānbǐ	（铅笔）	jīchǎng	（机场）
xīnkǔ	（辛苦）	jīnglǐ	（经理）
shēntǐ	（身体）	cāochǎng	（操场）
hēibǎn	（黑板）	kāishǐ	（开始）
fāngfǎ	（方法）	gēwǔ	（歌舞）

xúnwèn
询问（2）
Как задавать вопросы (2)

07 你家有几口人
Сколько человек у вас в семье

一 句子 Речевые образцы

031 你家有几口人？①
Nǐ jiā yǒu jǐ kǒu rén?
Сколько человек у вас в семье?

032 你妈妈做什么工作？
Nǐ māma zuò shénme gōngzuò?
Кем работает твоя мама?

033 她在大学工作。 Она работает в университете.
Tā zài dàxué gōngzuò.

034 我家有爸爸妈妈和两个弟弟②。
Wǒ jiā yǒu bàba māma hé liǎng ge dìdi.
У нас в семье папа, мама и двое младших братьев.

035 哥哥结婚了。 Мой старший брат уже женат.
Gēge jié hūn le.

036 他们没有孩子。 У них нет детей.
Tāmen méiyǒu háizi.

07 你家有几口人 Сколько человек у вас в семье

二 会 话 Диалоги

1

大卫: 刘 京, 你 家 有 几 口 人?
Dàwèi: Liú Jīng, nǐ jiā yǒu jǐ kǒu rén?

刘京: 四 口 人。你 家 呢?
Liú Jīng: Sì kǒu rén. Nǐ jiā ne?

大卫: 三 口 人, 爸爸 妈妈 和 我。
Dàwèi: Sān kǒu rén, bàba māma hé wǒ.

刘京: 你 爸爸 妈妈 做 什么 工作?
Liú Jīng: Nǐ bàba māma zuò shénme gōngzuò?

大卫: 我 爸爸 在 公司 工作。我 妈妈 在 大学 工作。
Dàwèi: Wǒ bàba zài gōngsī gōngzuò. Wǒ māma zài dàxué gōngzuò.

2

大卫: 和子, 你 家 有 什么 人?
Dàwèi: Hézǐ, nǐ jiā yǒu shénme rén?

和子: 爸爸 妈妈 和 两 个 弟弟。
Hézǐ: Bàba māma hé liǎng ge dìdi.

大卫: 你 弟弟 是 学生 吗?
Dàwèi: Nǐ dìdi shì xuésheng ma?

和子: 是, 他们 学习 英语。
Hézǐ: Shì, tāmen xuéxí Yīngyǔ.

大卫: 你 妈妈 工作 吗?
Dàwèi: Nǐ māma gōngzuò ma?

和子: 她 不 工作。
Hézǐ: Tā bù gōngzuò.

Как задавать вопросы (2)

3

王兰： 你家有谁？③
Wáng Lán: Nǐ jiā yǒu shéi?

玛丽： 爸爸妈妈和姐姐。
Mǎlì: Bàba māma hé jiějie.

王兰： 你姐姐工作吗？
Wáng Lán: Nǐ jiějie gōngzuò ma?

玛丽： 工作。她是职员，在银行工作。你哥哥
Mǎlì: Gōngzuò. Tā shì zhíyuán, zài yínháng gōngzuò. Nǐ gēge
做什么工作？
zuò shénme gōngzuò?

王兰： 他是大夫。
Wáng Lán: Tā shì dàifu.

玛丽： 他结婚了吗？
Mǎlì: Tā jié hūn le ma?

王兰： 结婚了。他爱人是
Wáng Lán: Jié hūn le. Tā àiren shì
护士。
hùshi.

玛丽： 他们有孩子吗？
Mǎlì: Tāmen yǒu háizi ma?

王兰： 没有。
Wáng Lán: Méiyǒu.

07 你家有几口人 Сколько человек у вас в семье

> 注释   Комментарии

❶ 你家有几口人？ Сколько человек у вас в семье?

"几口人"只用于询问家庭的人口。其他场合询问人数时，量词要用"个""位"等。

《几口人》употребляется только для выяснения количества членов семьи. В других ситуациях употребляется счётное слово《个》.

❷ 两个弟弟 Двое младших братьев

"两"和"二"都表示"2"。在量词前一般多用"两"，不用"二"。例如：两个朋友、两个哥哥。但10以上数字中的"2"，如12、32等数字中的"2"，不管后面有无量词，都用"二"，不用"两"。例如：十二点、二十二个学生。

И《两》и《二》обозначают《2》. Обычно перед счётным словом (или существительным, перед которым не ставить счётное слово) употребляется《两》, например,《两个朋友》《两个哥哥》и т.д. Но в числах больше десяти, например, 12 или 32, всегда употребляется《二》. Например,《十二点》《二十二个学生》.

❸ 你家有谁？ Кто у вас в семье?

此句与"你家有什么人"意思相同。"谁"既可以是单数（一个人），也可以是复数（几个人）。

Значит《你家有什么人》.《谁》, как и «кто» в русском языке, может обозначать одного человека или несколько человек.

三 替换与扩展 Замена и дополнение

1. 替换 Замените

(1) 他学习英语。   汉语   日语   韩语

(2) 她在<u>银行</u> <u>工作</u>。 ▶◀

教室	上课
宿舍	上网
家	看电视

(3) <u>他们</u>有<u>孩子</u>吗? ▶◀

你	姐姐	他	妹妹
你	英语书	他	汉语书
你	电脑	他	手机

2. 扩展   Дополнение

(1) 我 在 北 京 语 言 大 学 学 习。
    Wǒ zài Běijīng Yǔyán Dàxué xuéxí.

(2) 今 天 有 汉 语 课, 明 天 没 有 课。
    Jīntiān yǒu Hànyǔkè, míngtiān méiyǒu kè.

(3) 下 课 了, 我 回 宿 舍 休 息。
    Xià kè le, wǒ huí sùshè xiūxi.

(4) 他 有 手 机, 没 有 电 脑。
    Tā yǒu shǒujī, méiyǒu diànnǎo.

四 生词 Новые слова

1.	有	yǒu	动	есть; иметь
2.	口	kǒu	量	(счётное слово для членов семьи)
3.	和	hé	连	и
4.	两	liǎng	数	два
5.	结婚	jié hūn		жениться, выходить замуж

6.	了	le	助	(модальная частица)
7.	没有	méiyǒu	动	нет
8.	孩子	háizi	名	дети
9.	公司	gōngsī	名	компания
10.	学习	xuéxí	动	учиться
11.	英语	Yīngyǔ	名	английский язык
12.	职员	zhíyuán	名	служащий, сотрудник
13.	银行	yínháng	名	банк
14.	爱人	àiren	名	супруг(-а)
15.	护士	hùshi	名	медсестра
16.	汉语	Hànyǔ	名	китайский язык
17.	日语	Rìyǔ	名	японский язык
18.	韩语	Hányǔ	名	корейский язык
19.	上课	shàng kè		вести занятия, заниматься с преподавателем
20.	上网	shàng wǎng		пользоваться интернетом, сидеть в интернете
	网	wǎng	名	интернет
21.	电脑	diànnǎo	名	компьютер
22.	手机	shǒujī	名	мобильный телефон
23.	下课	xià kè		Урок кончился.

专名 Имена собственные

北京语言大学	Běijīng Yǔyán Dàxué	Пекинский университет языка и культуры

五 语法 Грамматика

1. "有"字句 Предложение со словом 《有》

由"有"及其宾语作谓语的句子,叫"有"字句。这种句子表示领有。它的否定式是在"有"前加副词"没",不能加"不"。例如:

Предложение, сказуемым которого служит слово 《有》 и его, объект, обычно обозначает обладание. Его отрицательная форма образуется путем добавления наречия 《没》 перед глагола 《有》. Например:

① 我有汉语书。　　② 他没有哥哥。

③ 他没有日语书。

2. 介词结构 Предложные конструкции

介词跟它的宾语组成介词结构,常用在动词前作状语。如"在银行工作""在教室上课"中的"在银行""在教室"都是由介词"在"和它的宾语组成的介词结构。

Предложная конструкция состоит из предлога и его объекта. В качестве обстоятельства она часто стоит перед глаголом. Например, 《在银行》 и 《在教室》 в 《在银行工作》 и 《在教室上课》.

六 练习 Упражнения

1. 选择适当的动词填空 Заполните пропуски подходящими словами

听　没有　学习　看　有　叫　是

(1) ＿＿＿＿ 什么名字　　(2) ＿＿＿＿ 几口人

(3) ＿＿＿＿ 学生　　　　(4) ＿＿＿＿ 汉语

（5）＿＿＿＿＿音乐　　　　（6）＿＿＿＿＿孩子

（7）＿＿＿＿＿电视

2. 用"几"提问，完成下列对话　Закончите диалоги вопросами со словом 《几》

（1）A：＿＿＿＿＿＿＿＿＿＿＿？

B：明天星期四。

A：＿＿＿＿＿＿＿＿＿＿＿？

B：明天是六月一号。

（2）A：＿＿＿＿＿＿＿＿＿＿＿？

B：王老师家有四口人。

A：他有孩子吗？

B：＿＿＿＿＿＿＿＿＿＿＿。

A：＿＿＿＿＿＿＿＿＿＿＿？

B：他有一个孩子。

3. 看图说句子　Расскажите по картинкам

（1）他们家　　　有

（2）在　　　酒吧

4. 谈一谈 Расскажите

（1）同学们互相介绍自己的家庭。
　　　Расскажите о своей семье.

（2）介绍一下儿自己在哪儿学习、学习什么。
　　　Расскажите о том, где вы учитесь и что вы изучаете.

5. 听后复述 Прослушайте и перескажите

　　　小明五岁。他有一个哥哥，哥哥是学生。他爸爸妈妈都工作。小明说(shuō, говорить)，他家有五口人。那一个是谁？是他的猫(māo, кошка)。

6. 语音练习 Упражнения по фонетике

（1）读下列词语：第一声＋第四声　Прочитайте следующие слова

dōu qù	（都去）	gāoxìng	（高兴）
shāngdiàn	（商店）	shēng qì	（生气）
yīnyuè	（音乐）	shēngdiào	（声调）
chī fàn	（吃饭）	bāngzhù	（帮助）
gōngzuò	（工作）	xūyào	（需要）

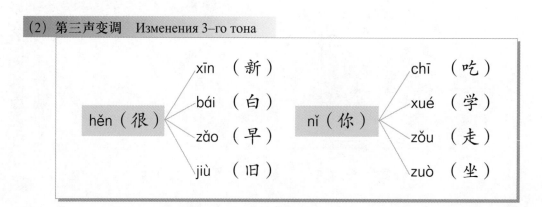

xúnwèn
询问（3）
Как задавать вопросы (3)

08 现在几点
Который час сейчас

一 句子 Речевые образцы

037 现在几点？ Который час сейчас?
Xiànzài jǐ diǎn?

038 现在七点二十五分。
Xiànzài qī diǎn èrshíwǔ fēn.
Сейчас семь часов двадцать пять минут.

039 你几点上课？ Когда у тебя начинаются занятия?
Nǐ jǐ diǎn shàng kè?

040 差一刻八点去。 Пойду на занятия без четверти восемь.
Chà yí kè bā diǎn qù.

041 我去吃饭。 Я ойду на обед.
Wǒ qù chī fàn.

042 我们什么时候去？ Когда мы пойдём?
Wǒmen shénme shíhou qù?

043 太早了。 Это слишком рано.
Tài zǎo le.

044 我也六点半起床。 Я тоже встаю полседьмого.
Wǒ yě liù diǎn bàn qǐ chuáng.

1

玛丽：王 兰，现在几点？
Mǎlì: Wáng Lán, xiànzài jǐ diǎn?

王兰：现在七点二十五分。
Wáng Lán: Xiànzài qī diǎn èrshíwǔ fēn.

玛丽：你几点上课？
Mǎlì: Nǐ jǐ diǎn shàng kè?

王兰：八点。
Wáng Lán: Bā diǎn.

玛丽：你什么时候去教室？
Mǎlì: Nǐ shénme shíhou qù jiàoshì?

王兰：差一刻八点去。
Wáng Lán: Chà yí kè bā diǎn qù.

玛丽：现在你去教室吗？
Mǎlì: Xiànzài nǐ qù jiàoshì ma?

王兰：不去，我去吃饭。
Wáng Lán: Bú qù, wǒ qù chī fàn.

2

刘京：明天去长城，好吗？
Liú Jīng: Míngtiān qù Chángchéng, hǎo ma?

大卫：好，什么时候去？
Dàwèi: Hǎo, shénme shíhou qù?

刘京：早上七点。
Liú Jīng: Zǎoshang qī diǎn.

大卫：太早了，七点半吧。你几点起床？
Dàwèi: Tài zǎo le, qī diǎn bàn ba. Nǐ jǐ diǎn qǐ chuáng?

刘京：六点半，你呢？
Liú Jīng: Liù diǎn bàn, nǐ ne?

大卫：我也六点半起床。
Dàwèi: Wǒ yě liù diǎn bàn qǐ chuáng.

 替换与扩展　Замена и дополнение

1. 替换　Замените

(1) A：现在几点？
　　B：现在 7:25。

| 10:15 | 3:45 | 11:35 | 12:10 |
| 2:30 | 8:15 | 2:55 | 5:20 |

(2) A：你什么时候去教室？
　　B：差一刻八点。

回家	2:00
去食堂	11:55
去上海	7月28号
去日本	1月25号

(3) 我去吃饭。

| 买花儿 | 听音乐 | 打网球 |
| 看电影 | 买水 | 睡觉 |

2. 扩展 Дополнение

(1) 现在两点零五分，我去大卫宿舍看他。
Xiànzài liǎng diǎn líng wǔ fēn, wǒ qù Dàwèi sùshè kàn tā.

(2) 早上七点一刻吃早饭，中午十二点吃午饭，晚上六点半吃晚饭。
Zǎoshang qī diǎn yí kè chī zǎofàn, zhōngwǔ shí'èr diǎn chī wǔfàn, wǎnshang liù diǎn bàn chī wǎnfàn.

四 生词 Новые слова

1.	现在	xiànzài	名	сейчас; теперь
2.	点	diǎn	量	час
3.	分	fēn	量	минуга
4.	差	chà	动	без; недоставать
5.	刻	kè	量	четверть (15 минут)
6.	吃	chī	动	есть; кушать
7.	饭	fàn	名	обед; рис (приготовленный)
8.	时候	shíhou	名	время; час

9.	半	bàn	数	половина
10.	起	qǐ	动	вставать
11.	床	chuáng	名	кровать
12.	早上	zǎoshang	名	утро
13.	吧	ba	助	(модальная частица)
14.	食堂	shítáng	名	столовая
15.	花（儿）	huā (r)	名	цветок
16.	打	dǎ	动	играть
17.	网球	wǎngqiú	名	теннис
18.	水	shuǐ	名	вода
19.	睡觉	shuì jiào		спать
20.	早饭	zǎofàn	名	завтрак
21.	午饭	wǔfàn	名	обед
22.	晚饭	wǎnfàn	名	ужин

专名 Имена собственные

长城	Chángchéng	Великая китайская стена

五 语法 Грамматика

1. 钟点的读法　Обозначение точного времени (Который час?)

2:00	两点 liǎng diǎn		
6:05	六点零五分 liù diǎn líng wǔ fēn		
8:15	八点十五分 bā diǎn shíwǔ fēn	八点一刻 bā diǎn yí kè	
10:30	十点三十分 shí diǎn sānshí fēn	十点半 shí diǎn bàn	
11:45	十一点四十五分 shíyī diǎn sìshíwǔ fēn	十一点三刻 shíyī diǎn sān kè	差一刻十二点 chà yí kè shí'èr diǎn
1:50	一点五十分 yī diǎn wǔshí fēn	差十分两点 chà shí fēn liǎng diǎn	

2. 时间词　Существительные-темпоративы

（1）表示时间的名词或数量词可作主语、谓语、定语。例如：

Существительные или числительные–темпоративы могут служить подлежащим, сказуемым и определением. Например:

① 现在八点。（主语）　　　② 今天五号。（谓语）

③ 他看八点二十的电影。（定语）

④ 晚上的电视很好。（定语）

（2）时间词作状语时，可放在主语之后、谓语之前，也可放在主语之前。例如：

Температив в качестве обстоятельства может ставиться между подлежащим и сказуемым или перед подлежащим. Например:

⑤ 我晚上看电视。　　　　⑥ 晚上我看电视。

（3）作状语的时间词有两个以上时，表示时间长的词在前。例如：

Когда два или больше темпортива вместе служат обстоятельством, то темпоратив, обозначающий длинный промежуток времени, ставится перед другим темпоративом. Например:

⑦ 今天晚上八点二十分我看电影。

（4）时间词与处所词同时作状语时，一般来说时间词在前，处所词在时间词之后。例如：

Когда температив и локатив (слово, обозначающее местоположение) вместе служат обстоятельством, то температив обычно ставится перед локативом. Например:

⑧ 她现在在银行工作。

六 练习　Упражнения

1. 用汉语说出下列时间并选择五个造句　Прочитайте следующие времена и составьте предложения с 5 из них

| 10:00 | 6:30 | 4:35 | 8:05 | 7:15 |
| 9:25 | 11:45 | 2:55 | 3:20 | 12:10 |

2. 完成对话　Закончите диалоги

（1）A：你们几点上课？

　　　B：_____。

　　　A：你几点去教室？

B：＿＿＿＿＿＿＿＿＿＿＿＿＿。现在几点？

A：＿＿＿＿＿＿＿＿＿＿＿＿＿。

（2）A：＿＿＿＿＿＿＿＿＿＿＿＿？

B：十二点半吃午饭。

A：＿＿＿＿＿＿＿＿＿＿＿＿？

B：我十二点十分去食堂。

3. 按照实际情况回答问题 Ответьте на следующие вопросы

（1）你几点起床？你吃早饭吗？几点吃早饭？

（2）你几点上课？几点下课？几点吃饭？

（3）你几点吃晚饭（wǎnfàn, ужин）？几点睡觉？

（4）星期六你几点起床？几点睡觉？

4. 说说你的一天 Расскажите о вашем расписании дня

5. 听后复述 Прослушайте и перескажите

今天星期六，我们不上课。小王说，晚上有一个好电影，他和我一起（yìqǐ, вместе）去看，我很高兴。

下午六点我去食堂吃饭，六点半去小王的宿舍，七点我们去看电影。

6. 语音练习　Упражнения по фонетике

(1) 读下列词语：第一声 + 轻声　Прочитайте следующие слова

yīfu （衣服）	xiūxi （休息）
dōngxi （东西）	zhīshi （知识）
chuānghu （窗户）	tāmen （他们）
dāozi （刀子）	bōli （玻璃）
māma （妈妈）	zhuōzi （桌子）

(2) 常用音节练习　Прочитайте следующие слоги

de
- xīn de （新的）
- cháng de （长的）
- wǒ de （我的）
- jiù de （旧的）

shi
- lǎoshī （老师）
- shí ge （十个）
- jiàoshì （教室）
- zhīshi （知识）

xúnwèn
询问（4）
Как задавать вопросы (4)

09 你住在哪儿

Где ты живёшь

一 句子 Речевые образцы

045 | 你 住 在 哪 儿？ Где ты живёшь?
Nǐ zhù zài nǎr?

046 | 我 住 在 留 学 生 宿 舍。
Wǒ zhù zài liúxuéshēng sùshè.
Я живу в общежитии иностранных студентов.

047 | 多 少 号 房 间？ ① ② Какой номер комнаты?
Duōshao hào fángjiān?

048 | 你 家 在 哪 儿？ Где находится твой дом?
Nǐ jiā zài nǎr?

049 | 欢 迎 你 去 玩 儿。 Приходи ко мне в гости.
Huānyíng nǐ qù wánr.

050 | 她 常 去。 Она часто ходит туда.
Tā cháng qù.

051 | 我 们 一 起 去 吧。 Пойдём вместе.
Wǒmen yìqǐ qù ba.

052 | 那 太 好 了！ ③ Здорово!
Nà tài hǎo le!

09 你住在哪儿 Где ты живёшь

二 会话 Диалоги

1

刘京：你住在哪儿？
Liú Jīng: Nǐ zhù zài nǎr?

大卫：我住在留学生宿舍。
Dàwèi: Wǒ zhù zài liúxuéshēng sùshè.

刘京：几号楼？①
Liú Jīng: Jǐ hào lóu?

大卫：九号楼。
Dàwèi: Jiǔ hào lóu.

刘京：多少号房间？
Liú Jīng: Duōshao hào fángjiān?

大卫：３０８房间。② 你家在哪儿？
Dàwèi: Sān líng bā fángjiān. Nǐ jiā zài nǎr?

刘京：我家在学院路２５号，欢迎你去玩儿。
Liú Jīng: Wǒ jiā zài Xuéyuàn Lù èrshíwǔ hào, huānyíng nǐ qù wánr.

大卫：谢谢！
Dàwèi: Xièxie!

2

大卫：张丽英家在哪儿？
Dàwèi: Zhāng Lìyīng jiā zài nǎr?

玛丽：我不知道。王兰知道。她常去。
Mǎlì: Wǒ bù zhīdao. Wáng Lán zhīdao. Tā cháng qù.

大卫：好，我去问她。
Dàwèi: Hǎo, wǒ qù wèn tā.

Как задавать вопросы (4)

3

大卫: 王兰，张丽英家在哪儿？
Dàwèi: Wáng Lán, Zhāng Lìyīng jiā zài nǎr?

王兰: 清华大学旁边。你去她家吗？
Wáng Lán: Qīnghuá Dàxué pángbiān. Nǐ qù tā jiā ma?

大卫: 对，明天我去她家。
Dàwèi: Duì, míngtiān wǒ qù tā jiā.

王兰: 你不认识路，
Wáng Lán: Nǐ bú rènshi lù,

我们一起去吧。
wǒmen yìqǐ qù ba.

大卫: 那太好了！
Dàwèi: Nà tài hǎo le!

注释 Комментарии

❶ 多少号房间？ Какой номер комнаты?
   几号楼？ Какой номер здания?

   这两句中的"几"和"多少"都是用来询问数目的。估计数目在10以下，一般用"几"，10以上用"多少"。

   Здесь 《几》и 《多少》 употребляются для выяснения числа. Когда предположенное число меньше десяти, обычно употребляется 《几》; когда предположенное число больше десяти, обычно употребляется 《多少》.

❷ 多少号房间？ Какой номер комнаты?
   308房间。 Номер 308.

   "号"用在数字后面表示顺序，一般不省略。例如：

   《号》, который ставится после числительного и обозначает порядок, нельзя опускать.

09 你住在哪儿 Где ты живёшь

9号楼　　　　23号房间

如果数字是三位或三位以上，一般省略"号"，而且按字面读数字。例如：
Если число состоит из трех или более цифр, то 《号》 обычно опускается, и можно читать все цифры последовательно. Например:

303 医院　　　　2032 房间

❸ 那太好了！ Здорово!

这里的"那"，意思是"那样的话"。"太好了"是表示满意、赞叹的用语。"太"在这里表示程度极高。
Здесь 《那》 значит «если так». 《太好了》 – выражение довольства и восхищения. Здесь 《太》 значит «очень».

  替换与扩展　Замена и дополнение

1. 替换　Замените

(1) A：你住在哪儿？
　　B：我住在<u>留学生宿舍</u>。

9号楼308房间	
5号楼204房间	
上海	北京饭店

(2) 欢迎你<u>去玩儿</u>。

来我家玩儿	来北京工作
来语言大学学习	

(3) 她常去<u>张丽英家</u>。

那个公园	那个邮局
留学生宿舍	我们学校

Как задавать вопросы (4)

2. 扩展　Дополнение

A：你　去　哪儿？
　　Nǐ qù nǎr?

B：我　去　找　王　老师。他　住　在　学院　路 1 5 号，
　　Wǒ qù zhǎo Wáng lǎoshī. Tā zhù zài Xuéyuàn Lù shíwǔ hào,

　　6 号　楼 2 层。
　　liù hào lóu èr céng.

四　生词　Новые слова

1.	住	zhù	动	жить
2.	多少	duōshao	代	сколько
3.	号	hào	量	номер
4.	房间	fángjiān	名	комната
5.	欢迎	huānyíng	动	приветствовать; добро пожаловать…
6.	玩儿	wánr	动	играть
7.	常（常）	cháng (cháng)	副	часто
8.	一起	yìqǐ	副	вместе
9.	楼	lóu	名	здание
10.	路	lù	名	дорога
11.	知道	zhīdao	动	знать
12.	问	wèn	动	спрашивать
13.	旁边	pángbiān	名	около; сторона
14.	对	duì	形/介/动	правильный; против; перед

15.	公园	gōngyuán	名	парк
16.	邮局	yóujú	名	почта
17.	学校	xuéxiào	名	школа
18.	找	zhǎo	动	искать
19.	层	céng	量	этаж

专名 Имена собственные

1.	学院路	Xuéyuàn Lù	Улица «Институты»
2.	清华大学	Qīnghuá Dàxué	Университет Цинхуа
3.	上海	Shànghǎi	Шанхай
4.	北京饭店	Běijīng Fàndiàn	Гостиница «Пекин»
5.	北京	Běijīng	Пекин

五 语法 Грамматика

1. 连动句 Конструкция сцепления глаголов

在动词谓语句中，几个动词或动词短语连用，且有同一主语，这样的句子叫连动句。例如：

В такой контрукции несколько глаголов или глагольных словосочетаний, связанных друг с другом, служат сказуемым одного и того же подлежащего. Например:

① 下午我去他家看他。　② 王林常去看电影。
③ 星期天大卫来我家玩儿。　④ 我去他宿舍看他。

2. 状语　Обстоятельство

动词、形容词前面的修饰成分叫状语。副词、形容词、时间词、介词结构等都可作状语。例如：

Член предложения, который определяет глагол, прилагательное или наречие, называются обстоятельством. Обстоятельством могут служить наречия, прилагательные, темпоративы и предложные конструкции. Например:

> ① 她常去我家玩儿。　　② 你们快来。
> ③ 我们上午去。　　　　④ 他姐姐在银行工作。

六　练习　Упражнения

1. 熟读下列词语并选择几个造句　Выучите наизусть следующие слова и составьте предложения

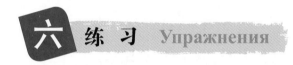

2. 按照实际情况回答问题　Ответьте на следующие вопросы

（1）你家在哪儿？你的宿舍在哪儿？

（2）你住在几号楼？多少号房间？

（3）星期天你常去哪儿？晚上你常做什么？

3. 用下列词语造句　Составьте предложения с приведенными словами

例 Образец　家　　在 ➡ 王老师的家在北京大学。

（1）商店　在　→ _____

（2）谁　　认识　→ _____

（3）一起　听　→ _____

4. 谈一谈　Расскажите

介绍一下儿你的一个朋友。

Расскажите о вашем друге детства.

提示：他/她住在哪儿，在哪儿学习或工作，等等。

Содержание: Где он/она живёт? Где он/она учится или работает?

5. 语音练习　Упражнения по фонетике

（1）读下列词语：第二声＋第一声　Прочитайте следующие слова

míngtiān	（明天）	zuótiān	（昨天）
jié hūn	（结婚）	fángjiān	（房间）
máoyī	（毛衣）	pángbiān	（旁边）
qiántiān	（前天）	shíjiān	（时间）
hóng huār	（红花儿）	huí jiā	（回家）

（2）常用音节练习　Прочитайте следующие слоги

xúnwèn
询问（5）
Как задавать вопросы (5)

10 邮局在哪儿
Где находится почта

一 句 子 Речевые образцы

053 八号楼在邮局旁边。
Bā hào lóu zài yóujú pángbiān.
Дом №8 находится около почты.

054 去八号楼怎么走？
Qù bā hào lóu zěnme zǒu?
Как добраться до дома №8?

055 那个楼就是八号楼。Вто это дом №8.
Nàge lóu jiù shì bā hào lóu.

056 请问，邮局在哪儿？①
Qǐngwèn, yóujú zài nǎr?
Скажите, пожалуйста, где находится почта?

057 往前走就是邮局。
Wǎng qián zǒu jiù shì yóujú.
Идите прямо, почта тут находится.

058 邮局离这儿远不远？
Yóujú lí zhèr yuǎn bu yuǎn?
Почта далеко?

10 邮局在哪儿 Где находится почта

059 | 百货大楼在什么地方？
Bǎihuò Dàlóu zài shénme dìfang?
Где находится Универмаг?

060 | 在哪儿坐车？ Где можно сесть на автобус?
Zài nǎr zuò chē?

二 会话 Диалоги

1

A: 请问，八号楼在哪儿？
Qǐngwèn, bā hào lóu zài nǎr?

刘京: 在邮局旁边。
Liú Jīng: Zài yóujú pángbiān.

A: 去八号楼怎么走？
Qù bā hào lóu zěnme zǒu?

刘京: 你看，那个楼就是②。
Liú Jīng: Nǐ kàn, nàge lóu jiù shì.

2

和子: 请问，邮局在哪儿？
Hézǐ: Qǐngwèn, yóujú zài nǎr?

B: 往前走就是邮局。
Wǎng qián zǒu jiù shì yóujú.

和子: 离这儿远不远？
Hézǐ: Lí zhèr yuǎn bu yuǎn?

B: 不太远。就在银行前边。②
Bú tài yuǎn. Jiù zài yínháng qiánbian.

3

玛丽：请问，百货大楼在什么地方？
Mǎlì: Qǐngwèn, Bǎihuò Dàlóu zài shénme dìfang?

C：在王府井。
Zài Wángfǔjǐng.

玛丽：离天安门远不远？
Mǎlì: Lí Tiān'ānmén yuǎn bu yuǎn?

C：不远。您怎么去？
Bù yuǎn. Nín zěnme qù?

玛丽：坐公交车。请问
Mǎlì: Zuò gōngjiāochē. Qǐngwèn

在哪儿坐车？
zài nǎr zuò chē?

C：就在那儿。②
Jiù zài nàr.

玛丽：谢谢！
Mǎlì: Xièxie!

注释　Комментарии

① 请问，邮局在哪儿？
Скажите, пожалуйста, где находится почта?

"请问" 是向别人提问时的客套语。一定要用在提出问题之前。
《请问》(«Скажите, пожалуйста...») употребляется для того, чтобы вежливо попросить собеседника ответить на ваш вопрос. Оно ставится перед заданным вопросом.

② 那个楼就是。Вот это дом.
就在银行前边。Вот, перед банком.
就在那儿。Вот там.

这三句中的副词 "就" 都是用来加强肯定语气的。
Наречие 《就》 в этих предложениях служит акцентирующей частицей, усиливающей подтверждение.

三 替换与扩展　Замена и дополнение

1. 替换　Замените

（1）A：八号楼在哪儿？
　　B：在邮局旁边。

| 留学生食堂西边 |
| 那个楼南边 |
| 他的宿舍楼北边 |
| 操场东边 |

（2）邮局离这儿远不远？

他家	北京语言大学
北京饭店	这儿
食堂	宿舍

（3）在哪儿坐车？

学习汉语	工作
吃饭	休息
买电脑	

2. 扩展　Дополнение

他爸爸在商店工作。那个商店离他家
Tā bàba zài shāngdiàn gōngzuò. Nàge shāngdiàn lí tā jiā
很近。他爸爸早上七点半去工作，下午五
hěn jìn. Tā bàba zǎoshang qī diǎn bàn qù gōngzuò, xiàwǔ wǔ
点半回家。
diǎn bàn huí jiā.

四 生词 Новые слова

1.	怎么	zěnme	代	как
2.	走	zǒu	动	идти, ходить
3.	就	jiù	副	именно, вот
4.	请问	qǐngwèn	动	Скажите, пожалуйста…
5.	往	wǎng	介/动	идти; в / на; к
6.	前	qián	名	перед
7.	离	lí	动	от (обозначение расстояния или промежутка времени)
8.	这儿	zhèr	代	здесь
9.	远	yuǎn	形	далёкий
10.	地方	dìfang	名	место
11.	坐	zuò	动	садиться, сидеть
12.	车	chē	名	машина
13.	前边	qiánbian	名	перед; передний
14.	公交车	gōngjiāochē	名	автобус
15.	那儿	nàr	代	там
16.	西边	xībian	名	западная сторона
17.	南边	nánbian	名	южная сторона
18.	北边	běibian	名	северная сторона
19.	操场	cāochǎng	名	спортивная площадка
20.	东边	dōngbian	名	восточная сторона
21.	近	jìn	形	близкий

专名　Имена собственные

1.	百货大楼	Bǎihuò Dàlóu	Универмаг
2.	王府井	Wángfǔjǐng	Улица Ванфуцзин
3.	天安门	Tiān'ānmén	Тяньаньмэнь

五　语法　Грамматика

1. 方位词　Существительные–направления

"旁边""前边"等都是方位词。方位词是名词的一种，可以作主语、宾语、定语等句子成分。方位词作定语时，一般要用"的"与中心语连接。例如：东边的房间、前边的商店。

《旁边》и《前边》– существительные–направления. Такие слова могут служить подлежащим, объектом, определением и т. д. В качестве определения они обычно соединяются с другими существительными с помощью《的》. Например: 东边的房间，前边的商店 .

2. 正反疑问句　Утвердительно–отрицательный вопрос

将谓语中的动词或形容词的肯定式和否定式并列，就构成了正反疑问句。例如：

Утвердительно – отрицательный вопрос образуется путем соединения одного и того же глагола (или прилагательного) в утвердительной форме и в отрицательной форме. Например:

① 你今天来不来？　　② 这个电影好不好？
③ 这是不是你们的教室？　　④ 王府井离这儿远不远？

六 练习 Упражнения

1. 选词填空 Заполните пропуски подходящими словами

去　在　离　回　买　往

（1）八号楼＿＿＿＿＿九号楼不太远。

（2）食堂＿＿＿＿＿宿舍旁边。

（3）邮局很近，＿＿＿＿＿前走就是。

（4）今天晚上我不学习，＿＿＿＿＿家看电视。

（5）我们＿＿＿＿＿宿舍休息一下儿吧。

（6）这本（běn, счётное слово для книг）书很好，你＿＿＿＿＿不＿＿＿＿＿？

2. 判断正误 Поставьте галочку после верного предложения, крестик – после неверного

（1）我哥哥在学校工作。　　　　　　（　）
　　　我哥哥工作在学校。　　　　　　（　）

（2）操场宿舍很近。　　　　　　　　（　）
　　　操场离宿舍很近。　　　　　　　（　）

（3）我在食堂吃早饭。　　　　　　　（　）
　　　我吃早饭在食堂。　　　　　　　（　）

（4）他去银行早上八点半。　　　　　（　）
　　　他早上八点半去银行。　　　　　（　）

3. 看图说句子 Расскажите по картинкам

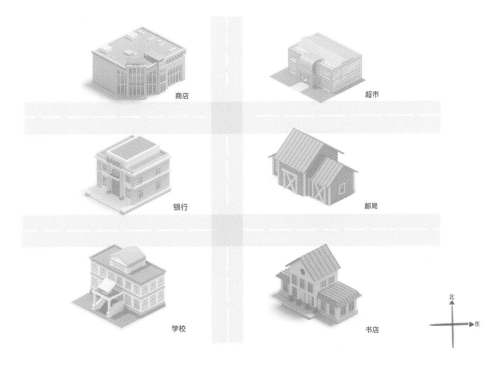

4. 听后复述 Прослушайте и перескажите

咖啡馆（kāfēiguǎn, кафе）离宿舍不远，我常去那儿买咖啡（kāfēi, кофе）、看书。书店在银行旁边。那个书店很大，书很多，我常去那儿买书。

5. 语音练习 Упражнения по фонетике

（1）读下列词语：第二声＋第二声　Прочитайте следующие слова

liú xué	（留学）	yínháng	（银行）
zhíyuán	（职员）	xuéxí	（学习）
shítáng	（食堂）	huídá	（回答）
tóngxué	（同学）	rénmín	（人民）
wénmíng	（文明）	értóng	（儿童）

(2) 常用音节练习　Прочитайте следующие слоги

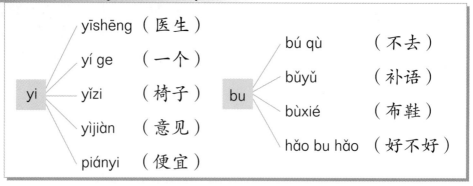

(3) 朗读会话　Прочитайте диалог

> A: Qǐngwèn, Běijīng Dàxué zài nǎr?
>
> B: Zài Qīnghuá Dàxué xībian.
>
> A: Qīnghuá Dàxué dōngbian shì Yǔyán Dàxué ma?
>
> B: Duì. Zhèr yǒu hěn duō dàxué. Yǔyán Dàxué nánbian hái yǒu hǎojǐ（несколько）ge dàxué.
>
> A: Cóng zhèr wǎng běi zǒu, dàxué bù duō le, shì bu shì?
>
> B: Shì de.

复习（二）
Повторение (Ⅱ)

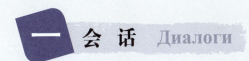
会话 Диалоги

1

王：小卫（Xiǎo Wèi, Сяо Вэй），我们什么时候去小李家？

卫：星期天，好吗？

王：好。他家在上海饭店（Shànghǎi Fàndiàn, Гостиница «Шанхай»）旁边吧？

卫：他搬家（bān jiā, переселяться）了，现在在中华路（Zhōnghuá Lù, Улица «Чжунхуа»）38号。你认识那个地方吗？

王：不认识，问一下儿小马吧。

2

卫：小马，中华路在什么地方？你知道吗？

马：中华路离我奶奶（nǎinai, бабушка）家很近。你们去那儿做什么？

王：看一个朋友。那儿离这儿远吗？

马：不太远。星期天我去奶奶家，你们和我一起去吧。

3

王：小马，你奶奶不和你们住在一起吗？

马：不住在一起。奶奶一个人住，我和爸爸妈妈常去看她。

卫：你奶奶身体好吗？

马：身体很好。她今年六十七岁了。前边就是我奶奶家，你们去坐一会儿（yíhuìr, немножко）吧！

王：十点了，我们不去了。

马：再见！

卫、王：再见！

二 语 法 Грамматика

句子的主要成分 Основные члены предложения

1. 主语和谓语 Подлежащее и сказуемое

句子一般可分为主语和谓语两大部分。主语一般在谓语之前。例如：

Обычно предложение состоит из подлежащего и сказуемого. Обычно подлежащее стоит перед сказуемым. Например：

① 你好！　　② 我去商店。

如果语言环境清楚，主语或谓语可省略。例如：

Подлежащее или сказуемое можно опустить при ясности контекста. Например：

③ A：你好吗？　　④ A：谁是学生？
　 B：（我）很好。　　 B：他（是学生）。

2. 宾语　Объект

宾语是动词的连带成分，一般在动词后边。例如：

Объект–это член при глаголе, обычно следует за глаголом. Например:

> ① 我认识他。　　② 他有一个哥哥。
> ③ 他是学生。

3. 定语　Определение

定语一般都修饰名词。定语和中心语之间有时用结构助词"的"，例如：王兰的朋友；有时不用，例如：我姐姐、好朋友（见第 5 课语法 2）。

Определение связано с существительным. Между определением и определяемым словом иногда ставится структурная частица « 的 », например:《王兰的朋友》. А иногда « 的 » не употребляется, например:《我姐姐》《好朋友》(См. урок 5).

4. 状语　Обстоятельство

状语是用来修饰动词和形容词的。一般要放在中心语的前边。例如：

Обстоятельство определяет глагол, прилагательное или наречие. Обычно оно стоит перед определяемым словом. Например:

> ① 我很好。　　② 他们都来。
> ③ 他在家看电视。

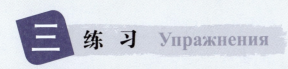　Упражнения

1. 回答问题　Ответьте на вопросы

（1）一年有几个月？一个月有几个星期？一个星期有几天（tiān, день）？

（2）今天几月几号？明天星期几？星期天是几月几号？

（3）你家有几口人？他们是谁？你妈妈工作不工作？你住在哪儿？你家离学校远不远？

2. 用下面的句子练习会话　Составьте диалоги, употребляя данные предложения

（1）问候　Приветствие

> 你好！
> 你好吗？
> 你身体好吗？
> 你早！
> 早上好！
> 你工作忙不忙？
> 你……身体好吗？
> 他好吗？

（2）相识、介绍　Знакомство

> 您贵姓？
> 你叫什么名字？
> 你是——
> 他姓什么？
> 他是谁？
> 我介绍一下儿。
> 我叫……。
> 我是……。
> 这是……。
> 认识你很高兴。

（3）询问　Вопросы

A. 问时间　О времени

> ……几月几号星期几？
> ……几点？
> 你的生日……？
> 你几点……？
> 你什么时候……？

B. 问路　О месте

> ……去哪儿？
> 去……怎么走？
> ……离这儿远吗？

C. 问住址   Об адресе

你家在哪儿?
你住在哪儿?
你住在多少号房间?

D. 问家庭   О семье

你家有几口人?
你家有什么人?
你家有谁?
你有……吗?
你……做什么工作?

3. **语音练习**   Упражнения по фонетике

（1）声调练习：第二声+第二声   Упражнение по тонам

tóngxué　　　　　（同学）

nán tóngxué　　　（男同学）

nán tóngxué lái　　（男同学来）

nán tóngxué lái wánr　（男同学来玩儿）

（2）朗读会话   Прочитайте диалог

A: Yóujú lí zhèr yuǎn ma?

B: Bú tài yuǎn, jiù zài nàr.

A: Nàge yóujú dà bu dà?

B: Hěn dà. Nǐ jì dōngxi ma?

A: Duì, hái mǎi míngxìnpiàn (открытка).

四 阅读短文 Прочитайте текст

张丽英家有四口人：爸爸、妈妈、姐姐和她。

她爸爸是大夫，五十七岁了，身体很好。他工作很忙，星期天常常不休息。

她妈妈是银行职员，今年五十五岁。

她姐姐是老师，今年二月结婚了。她姐姐不住在爸爸妈妈家。

昨天是星期五，下午没有课。我们去她家了。她家在北京饭店旁边。我们到（dào, добраться до）她家的时候，她爸爸妈妈不在家。我们和她一起聊天儿（liáo tiānr, болтать）、听音乐、看电视……

五点半张丽英的爸爸妈妈回家了。她姐姐也来了。我们在她家吃晚饭。晚上八点半我们就回学校了。

xūyào
需要（1）
Желание (1)

11 我要买橘子
Я хочу купить мандарины

 句 子 Речевые образцы

061 您买什么？ Чем могу вам помочь?
Nín mǎi shénme?

062 苹果 多少 钱 一 斤？① Сколько стоит полкило яблок?
Píngguǒ duōshao qián yì jīn?

063 七 块 五（毛）② 一 斤。
Qī kuài wǔ (máo) yì jīn.
Один цзинь стоит семь юаней пять цзяо.

064 您 要 多 少？ Сколько вам надо?
Nín yào duōshao?

065 您 还 要 别 的 吗？ Ещё хотите что-нибудь?
Nín hái yào bié de ma?

066 不 要 了。 Не надо.
Bú yào le.

067 我 要 买 橘子。 Я хочу купить мандарины.
Wǒ yào mǎi júzi.

068 您 尝 尝。 Попробуйте, пожалуйста.
Nín chángchang.

Желание (1) **101**

二 会话 Диалоги

1

售货员：您要什么？
Shòuhuòyuán: Nín yào shénme?

大卫：我要苹果。多少钱一斤？
Dàwèi: Wǒ yào píngguǒ. Duōshao qián yì jīn?

售货员：七块五（毛）。
Shòuhuòyuán: Qī kuài wǔ (máo).

大卫：那种呢？
Dàwèi: Nà zhǒng ne?

售货员：九块六。
Shòuhuòyuán: Jiǔ kuài liù.

大卫：要这种吧。
Dàwèi: Yào zhè zhǒng ba.

售货员：要多少？
Shòuhuòyuán: Yào duōshao?

大卫：两斤。
Dàwèi: Liǎng jīn.

售货员：还要别的吗？
Shòuhuòyuán: Hái yào bié de ma?

大卫：不要了。
Dàwèi: Bú yào le.

售货员：您怎么付？
Shòuhuòyuán: Nín zěnme fù?

大卫：微信吧。
Dàwèi: Wēixìn ba.

11 我要买橘子 Я хочу купить мандарины

2

售货员： 您要买什么？
Shòuhuòyuán: Nín yào mǎi shénme?

玛丽： 我要买橘子。一斤多少钱？①
Mǎlì: Wǒ yào mǎi júzi. Yì jīn duōshao qián?

售货员： 九块八。
Shòuhuòyuán: Jiǔ kuài bā.

玛丽： 太贵了。
Mǎlì: Tài guì le.

售货员： 那种便宜。
Shòuhuòyuán: Nà zhǒng piányi.

玛丽： 那种好不好？
Mǎlì: Nà zhǒng hǎo bu hǎo?

售货员： 您尝尝。
Shòuhuòyuán: Nín chángchang.

玛丽： 好，我要五个。
Mǎlì: Hǎo, wǒ yào wǔ ge.

售货员： 这是一斤半，十一块四。还买别
Shòuhuòyuán: Zhè shì yì jīn bàn, shíyī kuài sì. Hái mǎi bié

的吗？
de ma?

玛丽： 不要了。
Mǎlì: Bú yào le.

注释　Комментарии

❶ 苹果多少钱一斤？Сколько стоит полкило (яблок)?
（橘子）一斤多少钱？Сколько полкило (мандаринов) стоит?

　　这两句的意思相同，都是询问一斤的价钱。只是前句侧重"多少钱"能买一斤，后句侧重"一斤"需要多少钱。

　　Значение этих двух предложений сходно. Однако первое предложение подчёркивает《多少钱》(т. е. цена), а второе –《一斤》(т.е. вес).

❷ 七块五（毛）。Семь юаней пять цзяо.

　　人民币的计算单位是"元、角、分"，口语里常用"块、毛、分"，都是十进位。处于最后一位的"毛"或"分"可以省略不说。例如：

　　《元》《角》и《分》являются денежными единицами жэньминьби (RMB), который применяет десятичную систему. В разговорной речи чаще употребляются《块》《毛》《分》. Можно опускать《毛》и《分》, когда они ставятся в конце. Например：

　　1.30元 → 一块三　　　　2.85元 → 两块八毛五

三　替换与扩展　Замена и дополнение

1. 替换　Замените

(1) A：您买什么？
　　B：我买苹果。

看	汉语书
喝	（可口）可乐
听	录音
学习	汉语

11 我要买橘子 | Я хочу купить мандарины

（2）您<u>尝尝</u>。　　》《　　| 看 | 听 | 问 |

（3）我要<u>买橘子</u>。　》《　| 看电视 | 吃苹果 | 喝水 |
　　　　　　　　　　　　　| 上网 | 发电子邮件 | |

2. 扩展　Дополнение

（1）我 常 去 百货 大楼 买 东西。那 儿 的
　　　Wǒ cháng qù Bǎihuò Dàlóu mǎi dōngxi. Nàr de
　　东 西 很 多，也 很 便 宜。
　　dōngxi hěn duō, yě hěn piányi.

（2）A：你 要 喝 什 么？
　　　　Nǐ yào hē shénme?

　　B：有 可乐 吗？
　　　　Yǒu kělè ma?

　　A：有。
　　　　Yǒu.

　　B：要 两 瓶 吧。
　　　　Yào liǎng píng ba.

四 生词　Новые слова

1.	苹果	píngguǒ	名	яблоко
2.	钱	qián	名	деньги
3.	斤	jīn	量	цзинь, полкило

4.	块（元）	kuài (yuán)	量	куай, юань (денежная единица)
5.	毛（角）	máo (jiǎo)	量	мао, цзяо (денежная единица)
6.	要	yào	动/能愿	надо
7.	还	hái	副	ещё
8.	别的	bié de		другой
9.	橘子	júzi	名	мандарин
10.	尝	cháng	动	пробовать
11.	售货员	shòuhuòyuán	名	продавец
12.	种	zhǒng	量	вид, сорт
13.	付	fù	动	платить, оплачивать
14.	贵	guì	形	дорогой
15.	便宜	piányi	形	дешёвый
16.	喝	hē	动	пить
17.	录音	lùyīn	名	звукозапись
18.	发	fā	动	направлять
19.	电子邮件	diànzǐ yóujiàn		электронная почта
20.	多	duō	形	много
21.	瓶	píng	名	бутылка

专名 Имена собственные

| （可口）可乐 | (Kěkǒu-) kělè | Кока-Кола |

11 我要买橘子 | Я хочу купить мандарины

五 语法 Грамматика

1. 语气助词"了"（1） Модальная частица 《了》(1)

语气助词"了"有时表示情况有了变化。例如：
Модальная частица 《了》иногда указывает на изменение состояния. Например:

① 这个月我不忙了。（以前很忙）

② 现在他有工作了。（以前没有工作）

2. 动词重叠 Удвоение глаголов

汉语中某些动词可以重叠。动词重叠表示动作经历的时间短促或轻松、随便；有时也表示尝试。单音节动词重叠的形式是"AA"，例如：看看、听听、尝尝；双音节动词重叠的形式是"ABAB"，例如：休息休息、介绍介绍。

В китайском языке иногда встречается удвоение глаголов, которое обозначает краткость, непринуждённость действий или попытку что–нибудь сделать. Форма удвоения односложного глагола–《AA》. Например: 《看看》《听听》《尝尝》. Форма удвоения двусложного глагола–《ABAB》. Например: 《休息休息》《介绍介绍》.

六 练习 Упражнения

1. 用汉语读出下列钱数 Прочитайте следующие суммы денег по–китайски

| 6.54元 | 10.05元 | 2.30元 | 8.20元 | 42.52元 |
| 1.32元 | 9.06元 | 57.04元 | 100元 | 24.9元 |

2. 用动词的重叠式造句　Составьте предложения с формами удвоения глаголов

例 Образец　问 → 问问老师，明天上课吗？

介绍　　看　　听　　学习　　休息　　玩儿

3. 给括号中的词语选择适当的位置　Поставьте слова в скобках в подходящее место (А или В)

(1) 我姐姐不去 A 书店 B。（了）

(2) 他明天不来 A 上课 B。（了）

(3) 您还 A 要 B 吗？（别的）

(4) 这是两 A1 斤 B1，还 A2 买 B2 吗？（半，别的）

4. 完成对话　Закончите диалоги

(1) A：_____？

　　B：一瓶可乐三块五毛钱。

(2) A：您买什么？

　　B：_____。

　　A：您要多少？

　　B：_____。一斤橘子多少钱？

　　A：_____。还要别的吗？

　　B：_____。

5. 听后复述　Прослушайте и перескажите

我买汉语书，不知道去哪儿买。今天我问王兰，她说新华书店（Xīnhuá Shūdiàn, Книжный магазин «Синьхуа»）有，那儿的汉语书很多。明天下午我去看看。

6. 语音练习   Упражнения по фонетике

(1) 读下列词语：第二声 + 第三声   Прочитайте следующие слова

píjiǔ	（啤酒）	píngguǒ	（苹果）
yóulǎn	（游览）	shíjiǔ	（十九）
méiyǒu	（没有）	jiéguǒ	（结果）
máobǐ	（毛笔）	tíngzhǐ	（停止）
cídiǎn	（词典）	shípǐn	（食品）

(2) 常用音节练习   Прочитайте следующие слоги

xūyào
需要（2）
Желание (2)

12 我想买毛衣
Я хочу купить свитер

一 句子 Речевые образцы

069 天 冷 了。 Стало холодно.
Tiān lěng le.

070 我 想 买 件 毛衣。① Я хочу купить свитер.
Wǒ xiǎng mǎi jiàn máoyī.

071 星期天去，怎么样？
Xīngqītiān qù, zěnmeyàng?
Пойдём в воскресенье, хорошо?

072 星期天 人 太 多。 В воскресенье народу много.
Xīngqītiān rén tài duō.

073 我 看看 那 件 毛衣。
Wǒ kànkan nà jiàn máoyī.
Я хочу посмотреть тот свитер.

074 这 件 毛衣 我 可以 试试 吗？
Zhè jiàn máoyī wǒ kěyǐ shìshi ma?
Можно примерить этот свитер?

075 这 件 毛衣 不 大 也 不 小。
Zhè jiàn máoyī bú dà yě bù xiǎo.
Этот свитер мне идёт.

076 好 极 了！② Отлично!
Hǎojí le!

二 会话 Диалоги

1

大卫: 天冷了。我想买件毛衣。
Dàwèi: Tiān lěng le. Wǒ xiǎng mǎi jiàn máoyī.

玛丽: 我也要买东西。我们什么时候去？
Mǎlì: Wǒ yě yào mǎi dōngxi. Wǒmen shénme shíhou qù?

大卫: 星期天去，怎么样？
Dàwèi: Xīngqītiān qù, zěnmeyàng?

玛丽: 星期天人太多。
Mǎlì: Xīngqītiān rén tài duō.

大卫: 那明天下午去吧。
Dàwèi: Nà míngtiān xiàwǔ qù ba.

玛丽: 好。我们怎么去？
Mǎlì: Hǎo. Wǒmen zěnme qù?

大卫: 坐公交车吧。
Dàwèi: Zuò gōngjiāochē ba.

2

大卫: 小姐，我看看那件毛衣。
Dàwèi: Xiǎojiě, wǒ kànkan nà jiàn máoyī.

售货员: 好。
Shòuhuòyuán: Hǎo.

大卫: 我可以试试吗？
Dàwèi: Wǒ kěyǐ shìshi ma?

售货员: 您试一下儿吧。
Shòuhuòyuán: Nín shì yíxiàr ba.

玛丽：这件太短了。③
Mǎlì: Zhè jiàn tài duǎn le.

售货员：您试试那件。
Shòuhuòyuán: Nín shìshi nà jiàn.

大卫：好，我再试一下儿。
Dàwèi: Hǎo, wǒ zài shì yíxiàr.

玛丽：这件不大也不小。
Mǎlì: Zhè jiàn bú dà yě bù xiǎo.

大卫：好极了，我就买这件。
Dàwèi: Hǎojí le, wǒ jiù mǎi zhè jiàn.

注释　Комментарии

❶ 我想买件毛衣。　Я хочу купить свитер.

量词前的数词"一"如不在句首，可以省略。所以"买一件毛衣"可以说成"买件毛衣"。

Числительное 《一》 перед счётным словом может опускаться, если оно НЕ стоит в начале предложения. Поэтому можно сказать и 《买一件毛衣》, и 《买件毛衣》.

❷ 好极了！　Отлично!

"极了"用在形容词或某些状态动词后，表示达到最高程度。例如：累极了、高兴极了、喜欢（xǐhuan）极了。

《极了》 ставится после прилагательных или глаголов, обозначающих состояние. Оно обозначает «крайне». Например: 《累极了》《高兴极了》《喜欢（xǐhuan, нравиться）极了》.

❸ 这件太短了。　Этот (свитер) мне слишком короток.

句中省略了中心语"毛衣"。在语言环境清楚时，中心语可以省略。

Определяемое слово 《毛衣》 в предложении опускается. При ясности контекста можно опускать определяемое слово.

12 我想买毛衣 Я хочу купить свитер

三 替换与扩展　Замена и дополнение

1. 替换　Замените

（1）我想<u>买毛衣</u>。

| 学习汉语 | 看电影 |
| 发微信 | 喝水 |

（2）我<u>看看</u>那<u>件</u> <u>毛衣</u>。

写	课	生词
穿	件	衣服
尝	种	水果

（3）这<u>件</u> <u>毛衣</u>不<u>大</u>也不<u>小</u>。

| 件 | 衣服 | 长 | 短 |
| 课 | 生词 | 多 | 少 |

2. 扩展　Дополнение

今天我很忙，不去食堂吃饭了。北京
Jīntiān wǒ hěn máng, bú qù shítáng chī fàn le. Běijīng

的　宫保　鸡丁　很　好吃，叫一个外卖吧。
de gōngbǎo jīdīng hěn hǎochī, jiào yí ge wàimài ba.

四 生词 Новые слова

1.	天	tiān	名	погода; небо
2.	冷	lěng	形	холодный
3.	想	xiǎng	动/能愿	думать; хотеть
4.	件	jiàn	量	штука
5.	毛衣	máoyī	名	свитер
6.	怎么样	zěnmeyàng	代	как
7.	可以	kěyǐ	能愿	можно
8.	试	shì	动	примерять
9.	大	dà	形	большой
10.	小	xiǎo	形	маленький
11.	……极了	……jí le		крайне
12.	短	duǎn	形	короткий
13.	再	zài	副	ещё
14.	写	xiě	动	писать
15.	生词	shēngcí	名	новые слова
16.	穿	chuān	动	надевать, одевать, носить
17.	衣服	yīfu	名	одежда
18.	长	cháng	形	длинный
19.	少	shǎo	形	немногий
20.	宫保鸡丁	gōngbǎo jīdīng		Цыплёнок «Гунбао» (блюдо китайской кухни)

| 21. | 好吃 | hǎochī | 形 | вкусный |
| 22. | 外卖 | wàimài | 名 | еда на вынос |

五 语法 Грамматика

1. 主谓谓语句 Предложение с подлежащно-сказуемым словосочетанием в роли сказуемого

由主谓短语作谓语的句子叫主谓谓语句。主谓短语的主语所指的人或事物常跟全句的主语有关。例如：

В таком предложении подлежащее в словосочетании–сказуемом обычно имеет отношение к подлежащему целого предложения. Например:

> ① 他身体很好。　　② 我工作很忙。
> ③ 星期天人很多。

2. 能愿动词 Модальные глаголы

（1）能愿动词"想""要""可以""会"等常放在动词前边表示意愿、能力或可能。能愿动词的否定式是在能愿动词前加"不"。例如：

Модальные глаголи (например,《想》《要》《可以》《会》) обычно ставятся перед другими глаголами и обозначают желание, способность или возможность. Отрицательные формы этих глаголов образуются с помощью наречия «不». Например:

> ① 他要买书。　　② 我想回家。
> ③ 可以去那儿。　④ 我不想买东西。

（2）能愿动词"要"的否定形式常用"不想"。例如：
《不想》часто употребляется в качестве отрицательной формы модального глагола 《要》. Например：

⑤ A：你要喝水吗？
　　B：我现在不想喝。

（3）带有能愿动词的句子，只要把能愿动词的肯定形式与否定形式并列起来，就构成了正反疑问句。例如：
Утвердительно-отрицательный вопрос для такого предложения образуется путем постановки рядом подтвердительной формы и отрицательной формы модального глагола. Например：

⑥ 你想不想去长城？　　⑦ 你会不会说汉语？

六　练习　Упражнения

1. 填入适当的量词，然后用"几"或"多少"提问　Заполните пропуски подходящими счётными словами и задайте вопросы с помощью 《几》и《多少》

例 Образец　我要三_____橘子。→ 我要三斤橘子。你要几斤橘子？

（1）我想买一_____可乐。　　→ _____

（2）我要买两_____衣服。　　→ _____

（3）我家有五_____人。　　　→ _____

（4）两个苹果要五_____六_____。→ _____

（5）这是六_____苹果。　　　→ _____

（6）那个银行有二十五_____职员。→ _____

（7）这课有十七_____生词。　→ _____

12 我想买毛衣　Я хочу купить свитер

2. 选择适当的词语完成句子 Закончите следующие предложения приведенными словами

不……也不……　　太……了　　……极了　　可以　　想

(1) 这种 _____，那种便宜，我买那种。

(2) 我很忙，今天 _____，想休息休息。

(3) 这件衣服 _____，你穿 _____。

(4) 今天不上课，我们 _____。

(5) 明天星期天，我 _____。

3. 找出错误的句子并改正 Исправьте ошибки там, где они есть

(1) A：你要吃苹果吗？
　　B：我要不吃苹果。

(2) A：星期天你想去不去玩儿？
　　B：我想去。你想不想去？

(3) A：请问，这儿能上不上网？
　　B：不能，这儿没有网。

(4) A：商店里人多吗？
　　B：商店里很多人。

4. 谈谈你买的一件东西 Расскажите о вещи, которую вы купили

提示：多少钱？贵不贵？买的时候有几种？那几种怎么样？

Содержание: Сколько стоит? Это дорого? Сколько видов было товаров, когда вы делали покулки? Как вы думаете о других товарах?

5. 听后复述 Прослушайте и перескажите

A：这是张丽英买的毛衣。她穿太小，我穿太大，你试试怎么样。

B：不长也不短，好极了。多少钱？

A：不知道。不太贵。

B：我们去问问丽英。

A：现在她不在，下午再去问吧。

6. 语音练习　Упражнения по фонетике

(1) 读下列词语：第二声 + 第四声　Прочитайте следующие слова

yóupiào （邮票）	yúkuài （愉快）
tóngzhì （同志）	xuéyuàn （学院）
shíyuè （十月）	qúnzhòng （群众）
chéngdù （程度）	guójì （国际）
wénhuà （文化）	dédào （得到）

(2) 常用音节练习　Прочитайте следующие слоги

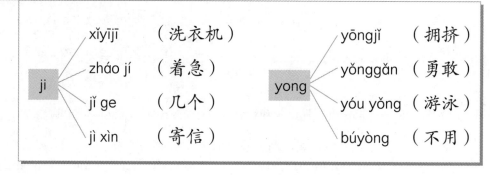

xūyào
需要（3）
Желание (3)

13 要换车
Надо сделать пересадку

 句 子　Речевые образцы

077
这路车到天安门吗？
Zhè lù chē dào Tiān'ānmén ma?
Дойдёт ли этот автобус до площади Тяньаньмэня?

078
我没有卡。　У меня нет карточки.
Wǒ méiyǒu kǎ.

079
我会说一点儿汉语。Я немного говорю по-китайски.
Wǒ huì shuō yìdiǎnr Hànyǔ.

080
到天安门还有几站？
Dào Tiān'ānmén hái yǒu jǐ zhàn?
Сколько остановок осталось до площади Тяньаньмэня?

081
天安门到了。Вот мы доехали до Тяньаньмэня.
Tiān'ānmén dào le.

082
我买一张地铁票。Я хочу один билет на метро.
Wǒ mǎi yì zhāng dìtiěpiào.

083
去北京大学要换车吗？①
Qù Běijīng Dàxué yào huàn chē ma?
Я хочу доехать до Пекинского университета. Нужно сделать пересадку?

084
换几号线？　На какую линию надо сделать пересадку?
Huàn jǐ hào xiàn?

Желание (3)　119

二 会 话 Диалоги

1 (大卫和玛丽坐公交车去天安门)

玛丽：请问，这路车到天安门吗？
Mǎlì: Qǐngwèn, zhè lù chē dào Tiān'ānmén ma?

售票员：到。上车吧，请刷卡。
Shòupiàoyuán: Dào. Shàng chē ba, qǐng shuā kǎ.

大卫：我没有卡。
Dàwèi: Wǒ méiyǒu kǎ.

售票员：刷手机、投币都可以。
Shòupiàoyuán: Shuā shǒujī、tóu bì dōu kěyǐ.

玛丽：到天安门多少钱？
Mǎlì: Dào Tiān'ānmén duōshao qián?

售票员：七块。
Shòupiàoyuán: Qī kuài.

A：你们会说汉语？②
Nǐmen huì shuō Hànyǔ?

大卫：会说一点儿。
Dàwèi: Huì shuō yìdiǎnr.

玛丽：我说汉语，你懂吗？
Mǎlì: Wǒ shuō Hànyǔ, nǐ dǒng ma?

A：懂。你们是哪国人？
Dǒng. Nǐmen shì nǎ guó rén?

大卫：我是法国人。
Dàwèi: Wǒ shì Fǎguórén.

玛丽： 我 是 美 国 人。
Mǎlì: Wǒ shì Měiguórén.

大卫： 到 天安门 还 有 几 站？
Dàwèi: Dào Tiān'ānmén hái yǒu jǐ zhàn?

A： 两 站。
　　Liǎng zhàn.

售票员： 天 安 门 到 了，请 下 车。
Shòupiàoyuán: Tiān'ānmén dào le, qǐng xià chē.

2 （玛丽在天安门地铁站买票）

玛丽： 我 买 一 张 地 铁 票。
Mǎlì: Wǒ mǎi yì zhāng dìtiěpiào.

售票员： 去 哪 儿？
Shòupiàoyuán: Qù nǎr?

玛丽： 北 京 大 学。请 问 要 换 车 吗？
Mǎlì: Běijīng Dàxué. Qǐngwèn yào huàn chē ma?

售票员： 要 换。
Shòupiàoyuán: Yào huàn.

玛丽： 在 哪 儿 换？
Mǎlì: Zài nǎr huàn?

售票员： 在 西 单。
Shòupiàoyuán: Zài Xīdān.

玛丽： 换 几 号 线？
Mǎlì: Huàn jǐ hào xiàn?

售票员： 4 号 线。
Shòupiàoyuán: Sì hào xiàn.

玛丽：一 张 票 多 少 钱？
Mǎlì: Yì zhāng piào duōshao qián?

售票员：五 块。
Shòupiàoyuán: Wǔ kuài.

玛丽：谢 谢！
Mǎlì: Xièxie!

售票员：不 谢。
Shòupiàoyuán: Bú xiè.

注释　Комментарии

❶ 去北京大学要换车吗？　Я хочу доехать до Пекинского университета. Нужно сделать пересадку?

能愿动词"要"在这里表示事实上的需要。
Модальный глагол 《要》здесь обозначает необходимость.

❷ 你们会说汉语？　Вы умеете говорить по-китайски?

句末用升调，表示疑问语气。
Восходящая интонация в конце предложения обозначает вопросительность.

三　替换与扩展　Замена и дополнение

1. 替换　Замените

(1) 我没有卡。　

钱	钱包
汉语书	笔

（2）你们会说汉语？　▷◁　英语　俄语　法语　韩语

（3）A：你是哪国人？　▷◁　中国　美国　韩国
　　 B：我是法国人。　　　英国　日本

（4）买一张票。　▷◁　杯　可乐　张　地图
　　　　　　　　　　　本　书　个　本子

2. 扩展　Дополнение

A：你们 会 说 汉语 吗？
　　Nǐmen huì shuō Hànyǔ ma?

B：他 会 说 一 点 儿，我 不 会。
　　Tā huì shuō yìdiǎnr, wǒ bú huì.

四　生词　Новые слова

1.	路	lù	名	дорога, путь; маршрут
2.	到	dào	动	дойти, доехать; прибыть
3.	卡	kǎ	名	карточка
4.	会	huì	能愿/动	мочь, уметь
5.	说	shuō	动	говорить
6.	一点儿	yìdiǎnr	数量	чуть-чуть
7.	站	zhàn	名	остановка, станция

8.	地铁	dìtiě	名	метро
9.	换	huàn	动	менять; пересадиться
10.	号	hào	名	номер
11.	线	xiàn	名	линия
12.	刷	shuā	动	использовать (карточку)
13.	投币	tóu bì		опускать монету
14.	懂	dǒng	动	понимать
15.	钱包	qiánbāo	名	кошелёк
16.	笔	bǐ	名	ручка
17.	俄语	Éyǔ	名	русский язык
18.	法语	fǎyǔ	名	французский язык

专名 Имена собственные

1.	北京大学	Běijīng Dàxué	Пекинский университет
2.	法国	Fǎguó	Франция
3.	西单	Xīdān	Сидань
4.	韩国	Hánguó	Корея
5.	英国	Yīngguó	Англия
6.	日本	Rìběn	Япония

五 语法 Грамматика

1. 能愿动词"会" Модальный глагол 《会》

能愿动词"会"可以表示几种不同的意思。常用的如下：
У модального глагола 《会》 несколько значений. Среди них наиболее употребительные:

通过学习掌握了某种技巧。例如：
Овладеть каким-л. навыком через обучение. Например:

① 他会说汉语。　　　② 我不会做中国饭。

2. 数量词作定语 Числительное со счётным словом в качестве определения

在现代汉语里，数词一般不能直接修饰名词，中间必须加上特定的量词。例如：
В современном китайском языке, как правило, между числительным и существительным необходимо ставить счётное слово. Например:

两张票　　　三个本子　　　五个学生

六 练习 Упражнения

1. 熟读下列短语并造句 Выучите наизусть следующие слова и составьте предложения

2. 用"在""往""去"完成句子 Закончите следующие предложения с помощью "在""往""去"

(1) 大卫 _____ 学习汉语。

(2) 我去王府井，不知道 _____ 坐车。

(3) _____ 走，就是331路车站。

(4) 请问， _____ 怎么走？

(5) 我 _____ ，欢迎你来玩儿。

3. 完成对话 Закончите диалоги

(1) A：你会说汉语吗？

B：_____ 。（一点儿）

(2) A：他会说英语吗？

B：_____ 。（不会）

4. 根据句中的画线部分，把句子改成用疑问代词提出问题的问句 Употребляя вопросительные местоимения, задайте вопросы о подчёркнутых частях

(1) 山下和子是<u>日本</u>留学生。 → _____

(2) 我有<u>三</u>个本子、<u>两</u>本书。 → _____

(3) <u>我</u>认识大卫的妹妹。 → _____

(4) 今天晚上我去<u>看电影</u>。 → _____

(5) 我在<u>天安门</u>坐车。 → _____

(6) 他爸爸的身体<u>好极了</u>。 → _____

5. 听后复述 Прослушайте и перескажите

我认识一个中国朋友,他在北京大学学习。昨天我想去看他。我问刘京去北京大学怎么走。刘京说,北京大学离这儿很近,坐375路公交车可以到。我就去坐375路公交车。

375路车站就在前边。车来了,我问售票员,去不去北京大学。售票员说去,我很高兴,就上车了。

6. 说一说 Поговорите

你常常怎么出行?

7. 语音练习 Упражнения по фонетике

(1) 读下列词语:第二声 + 轻声   Прочитайте следующие слова

bié de	(别的)	pútao	(葡萄)
nán de	(男的)	lái le	(来了)
chuán shang	(船上)	júzi	(橘子)
máfan	(麻烦)	shénme	(什么)
tóufa	(头发)	liángkuai	(凉快)

（2）常用音节练习　Прочитайте следующие слоги

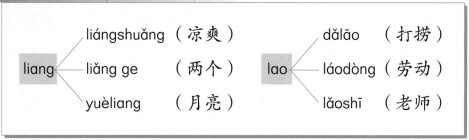

xūyào
需要（4）
Желание (4)

14 我要去换钱
Я пойду обменять валюту

一 句子 Речевые образцы

085 钱 都 花 了。 Все деньги потрачены.
Qián dōu huā le.

086 听说 饭店 里 可以 换 钱。
Tīngshuō fàndiàn li kěyǐ huàn qián.
Говорят, что можно обменять валюту в гостинице.

087 这儿 能 不 能 换 钱？
Zhèr néng bu néng huàn qián?
Можно ли обменять валюту здесь?

088 您 带 的 什么 钱？
Nín dài de shénme qián?
Какую валюту вы взяли с собой?

089 请 您 在 这儿 写 一下儿 钱数。
Qǐng nín zài zhèr xiě yíxiàr qián shù.
Напишите, пожалуйста, сумму.

090 请 数 一 数。① Посчитайте.
Qǐng shǔ yi shǔ.

091 时间 不 早 了。 Уже поздно.
Shíjiān bù zǎo le.

092 我们 快 走 吧！ Давайте побыстрее.
Wǒmen kuài zǒu ba!

二 会话 Диалоги

1

玛丽：钱 都花了，我没钱了。我要去换 钱。
Mǎlì: Qián dōu huā le, wǒ méi qián le. Wǒ yào qù huàn qián.

大卫：听说饭店里可以换 钱。
Dàwèi: Tīngshuō fàndiàn li kěyǐ huàn qián.

玛丽：我们去问问吧。
Mǎlì: Wǒmen qù wènwen ba.

2

玛丽：请问，这儿能不能换钱？
Mǎlì: Qǐngwèn, zhèr néng bu néng huàn qián?

营业员：能。您带的什么钱？
Yíngyèyuán: Néng. Nín dài de shénme qián?

玛丽：美元。
Mǎlì: Měiyuán.

营业员：换多少？
Yíngyèyuán: Huàn duōshao?

玛丽：五百美元。一美元换多少人民币？
Mǎlì: Wǔbǎi měiyuán. Yì měiyuán huàn duōshao rénmínbì?

营业员：六块四毛九。请您在这儿写一下儿钱
Yíngyèyuán: Liù kuài sì máo jiǔ. Qǐng nín zài zhèr xiě yíxiàr qián

14 我要去换钱　Я пойду обменять валюту

　　　　数，在这儿签一下儿名字。
　　　　shù, zài zhèr qiān yíxiàr míngzi.

玛丽：这样写，对不对？
Mǎlì: Zhèyàng xiě, duì bu duì?

营业员：对。给您钱，请数一数。
Yíngyèyuán: Duì. Gěi nín qián, qǐng shǔ yi shǔ.

玛丽：谢谢！
Mǎlì: Xièxie!

大卫：时间不早了，我们快走吧！
Dàwèi: Shíjiān bù zǎo le, wǒmen kuài zǒu ba!

注释　Комментарии

❶ 请数一数。　Посчитайте.

　　"数一数"与"数数"意思相同。单音节动词重叠，中间可加"一"。例如：听一听、问一问。

　　《数一数》и《数数》обозначает одно и то же. При удвоении односложного глагола между глаголами можно ставить слово《一》. Например:《听一听》《问一问》и т.д.

三　替换与扩展　Замена и дополнение

1. 替换　Замените

（1）听说饭店里可以换钱。　

　　他回国了
　　大卫会说汉语
　　小王会一点儿英语

（2）请您写一下儿钱数。　>><<

问	电话号码
念	生词
等	玛丽
签	名字

（3）我们快走吧！　>><<

你	来
你们	去
我们	吃
玛丽	写

2. 扩展　Дополнение

（1）没 有 时 间 了，不 等 他 了。
　　　Méiyǒu shíjiān le, bù děng tā le.

（2）这 是 他 的 书。请 你 给 他。
　　　Zhè shì tā de shū. Qǐng nǐ gěi tā.

四　生词　Новые слова

1.	花	huā	动	тратить
2.	听说	tīngshuō	动	говорят
3.	饭店	fàndiàn	名	гостиница
4.	里	li	名	в, внутри
5.	能	néng	能愿	мочь

6.	带	dài	动	брать, носить (с собой)
7.	数	shù	名	число
8.	数	shǔ	动	считать
9.	时间	shíjiān	名	время
10.	快	kuài	形	быстрый
11.	营业员	yíngyèyuán	名	работник магазина
12.	美元	měiyuán	名	(американский) доллар
13.	百	bǎi	数	сто
14.	人民币	rénmínbì	名	Жэньминьби (официальная валюта Китая)
15.	签	qiān	动	подписывать
16.	这样	zhèyàng	代	так
17.	电话	diànhuà	名	телефон
18.	号码	hàomǎ	名	номер телефона
19.	念	niàn	动	читать, диктовать
20.	等	děng	动	ждать

五 语法 Грамматика

1. 兼语句 Последовательно-связанное предложение

谓语由两个动词短语组成，前一个动词的宾语同时又是后一个动词的主语，这种句子叫兼语句。兼语句的动词常常是带有使令意义的动词，如"请""让(ràng)""叫"等。例如：

В последовательно–связанном предложении сказуемое состоит из двух глаголов или глагольных словосочетаний. При этом объект первого глагола служит подлежащим второго глагола. В таком предложении первый глагол обычно является глаголом со значением побуждения, таким как 《请》《让》《叫》 и т.д.

> ① 请您签一下儿名字。　　② 请他吃饭。

2. 语气助词"了"（2）　Модальная частица 《了》(2)

（1）有时"了"表示某件事或某种情况已经发生。试比较下面两组对话：

Иногда 《了》 обозначает, что событие или состояние уже совершено. Сравните следующие диалоги:

> ① A：你去哪儿？　　　　　② A：你去哪儿了？
> 　 B：我去商店。　　　　　　 B：我去商店了。
> 　 A：你买什么？　　　　　　 A：你买什么了？
> 　 B：我买苹果。　　　　　　 B：我买苹果了。

第①组对话没用"了"，表示"去商店""买苹果"这两件事尚未发生；第②组用"了"，表示这两件事已经发生了。

В первом диалоге без 《了》, что обозначают, что действия 《去商店》《买苹果》 ещё не совершены. Во втором диалоге суффикс 《了》 обозначает, что действия уже совершены.

（2）带语气助词"了"的句子，其否定形式是在动词前加副词"没（有）"，去掉句尾的"了"。反复问句是在句尾加上"……了没有"，或者并列动词的肯定形式和否定形式"……没……"。例如：

Отрицательная форма предложения с 《了》 образуется путём добавления перед глаголом наречия 《没(有)》 и опущения 《了》 в конце предложения. Форма утвердительно-отрицательного вопроса для него образуется путём добавления 《……了没有》 в конце предложения или постановки утвердительной формы рядом с отрицательной формой (《……没……》). Например:

> ③ 他没去商店。　　　　　　④ 我没买苹果。
> ⑤ 你吃饭了没有？　　　　　⑥ 你吃没吃饭？

六 练习 Упражнения

1. 用"要""想""能""会""可以"和括号中的词语完成句子 Закончите следующие предложения с помощью《要》《想》《能》《会》《可以》и слов в скобках

（1）明天我有课，_____。（玩儿）
（2）听说那个电影很好，_____。（看）
（3）你_____吗?（说）
（4）这个本子不太好，_____?（换）
（5）现在我_____，请你明天再来吧。（上课）

2. 用"再""可以""会""想"填空 Заполните пропуски словами《再》《可以》《会》《想》

这个汉字我不_____写。张老师说，我_____去问他。我_____现在去。大卫说，张老师很忙，现在不要去，下午_____去吧。

3. 改正下面的错句 Исправьте ошибки там, где они есть

（1）昨天我没给你发微信了。 → _____
（2）他常常去食堂吃饭了。 → _____
（3）昨天的生词很多了。 → _____
（4）昨天我不去商店，明天我去商店了。 → _____

4. 完成对话 Закончите диалоги

（1）A：_____?
　　 B：我去朋友家了。
　　 A：_____?
　　 B：现在我回学校。

（2）A：_____，好吗？

B：好。你等一下儿，我去换件衣服。

A：_____。

B：这件衣服_____？

A：很好，我们走吧。

5. 听后复述　Прослушайте и перескажите

和子想换钱。她听说学校的银行能换，就去了。营业员问她带的什么钱，要换多少，还说要写一下儿钱数和名字。和子都写了。换钱的时候，和子对营业员说："对不起，我忘（wàng，забывать）带钱了。"

6. 语音练习　Упражнения по фонетике

（1）读下列词语：第三声＋第一声　Прочитайте следующие слова

（2）常用音节练习　Прочитайте следующие слоги

15 我要照张相

Я хочу сфотографироваться

一 句子 Речевые образцы

093 这是新到的鲜花儿。
Zhè shì xīn dào de xiānhuār.
Это свежесрезанные цветы.

094 还有好看的吗？
Hái yǒu hǎokàn de ma?
Ещё есть что–нибудь красивое?

095 这几种怎么样？① Вам понравились эти цветы?
Zhè jǐ zhǒng zěnmeyàng?

096 请你帮我挑几种。 Помогите мне выбрать.
Qǐng nǐ bāng wǒ tiāo jǐ zhǒng.

097 那就买这几种吧。 Я возьму эти цветы.
Nà jiù mǎi zhè jǐ zhǒng ba.

098 手机没电了。 Мой мобильник разрядился.
Shǒujī méi diàn le.

099 你打通电话了吗？ Дозвонился?
Nǐ dǎtōng diànhuà le ma?

100 她关机了。 Она выключила мобильник.
Tā guān jī le.

二 会话 Диалоги

1（在花店）

和子: 请问 有 鲜花儿 吗？
Hézǐ: Qǐngwèn yǒu xiānhuār ma?

营业员: 有，这是新到的。
Yíngyèyuán: Yǒu, zhè shì xīn dào de.

和子: 还有好看的吗？
Hézǐ: Hái yǒu hǎokàn de ma?

营业员: 你看看，这几种怎么样？
Yíngyèyuán: Nǐ kànkan, zhè jǐ zhǒng zěnmeyàng?

和子: 请你帮我挑几种。
Hézǐ: Qǐng nǐ bāng wǒ tiāo jǐ zhǒng.

营业员: 我看这四种花儿都很好看。
Yíngyèyuán: Wǒ kàn zhè sì zhǒng huār dōu hěn hǎokàn.

和子: 那就买这几种吧。
Hézǐ: Nà jiù mǎi zhè jǐ zhǒng ba.

营业员: 还买别的吗？
Yíngyèyuán: Hái mǎi bié de ma?

和子: 不买了。
Hézǐ: Bù mǎi le.

2

和子: 这个公园真不错。
Hézǐ: Zhège gōngyuán zhēn búcuò.

15 我要照张相 | Я хочу сфотографироваться

张丽英: 这里的风景太美了，我要照张相。
Zhāng Lìyīng: Zhèli de fēngjǐng tài měi le, wǒ yào zhào zhāng xiàng.

和子: 给玛丽打个电话，叫她也来吧。
Hézǐ: Gěi Mǎlì dǎ ge diànhuà, jiào tā yě lái ba.

张丽英: 哎呀，我的手机没电了。
Zhāng Lìyīng: Āiyā, wǒ de shǒujī méi diàn le.

和子: 我打吧。
Hézǐ: Wǒ dǎ ba.

张丽英: 好。我去买点儿饮料。
Zhāng Lìyīng: Hǎo. Wǒ qù mǎi diǎnr yǐnliào.

……

张丽英: 你打通电话了吗？
Zhāng Lìyīng: Nǐ dǎtōng diànhuà le ma?

和子: 没打通，她关机了。
Hézǐ: Méi dǎtōng, tā guān jī le.

注释　Комментарии

❶ 这几种怎么样？　Вам понравились эти цветы?

这里的"几"不是提问，而是表示概数——10以下的不确定的数目。例如：我有十几本书，教室里有几十个学生。

《几》здесь обозначает число не точно, а приблизительно. Это обычно число меньше десяти. Например:《我有十几本书》《教室里有几十个学生》и т. д.

三 替换与扩展　Замена и дополнение

1. 替换　Замените

(1) 这是新<u>到</u>的<u>鲜花儿</u>。

| 买 | 照相机 | 买 | 电脑 |
| 做 | 衣服 | 来 | 老师 |

(2) 请你帮我<u>挑</u> <u>几种</u>
　　<u>好看的花儿</u>。

交	几元	电话费
找	几本	书
试	几件	毛衣
拿	几个	东西

(3) 你<u>打</u> <u>通</u> <u>电话</u>了吗?

吃	完	饭
看	完	那本书
找	到	玛丽
买	到	电脑

2. 扩展　Дополнение

(1) 我 给 他 发 电子 邮件。
　　Wǒ gěi tā fā diànzǐ yóujiàn.

(2) 我 给 东京 的 朋友 打 电话。我 说 汉语,
　　Wǒ gěi Dōngjīng de péngyou dǎ diànhuà. Wǒ shuō Hànyǔ,

　　他 不 懂; 说 英语, 他 听 懂 了。
　　tā bù dǒng; shuō Yīngyǔ, tā tīngdǒng le.

四 生词 Новые слова

1.	新	xīn	形	новый
2.	到	dào	动	прибывать, поступать (о товарах)
3.	鲜花儿	xiānhuār	名	свежесрезанный цветок
4.	好看	hǎokàn	形	красивый
5.	帮	bāng	动	помогать
6.	挑	tiāo	动	выбирать
7.	电	diàn	名	электричество
8.	打	dǎ	动	звонить
9.	通	tōng	动	дозваниваться
10.	关机	guān jī		выключать мобильник
11.	真	zhēn	形/副	настоящий
12.	不错	búcuò	形	неплохо
13.	风景	fēngjǐng	名	пейзаж
14.	照相	zhào xiàng		фотографировать (-ся)
	照	zhào	动	снимать (фото)
15.	哎呀	āiyā	叹	ой
16.	照相机	zhàoxiàngjī	名	фотоаппарат
17.	交	jiāo	动	платить
18.	费	fèi	名/动	расходы, плата
19.	拿	ná	动	брать
20.	完	wán	动	кончать(ся)

专名 Имена собственные

| 东京 | Dōngjīng | Токио |

五 语法 Грамматика

1. "是" 字句（2） Предложение со словом 《是》(2)

名词、代词、形容词等后面加助词 "的" 组成 "的" 字结构，它具有名词的性质和作用，可独立使用。这种 "的" 字结构常出现在 "是" 字句里。例如：

Конструкция со словом 《的》, которая состоит из существительного, местоимения, прилагательного и служебной частицы 《的》, имеет характер и функцию существительного. Она может употребляться самостоятельно или в предложении со словом 《是》. Например:

① 这个本子是我的。
② 那本书是新的。
③ 这件毛衣不是玛丽的。

2. 结果补语 Дополнение результата

（1）说明动作结果的补语叫结果补语。结果补语常由动词或形容词充任。例如：打通、写对。

Дополнение, который указывает результат действия, называется дополнением результата. Дополнением результата обычно служит глагол или прилагательное. Например: 《打通》《写对》 и т.д.

（2）动词 "到" 作结果补语，表示人或运行的器物通过动作到达某个地点或动作持续到某个时间，也可以表示动作进行到某种程度。例如：

Глагол 《到》 в качестве дополнения результата обозначает, что подлежащее в результате действия дошло до определённого места, или, что действие продолжилось до определённого момента. 《到》 также может обозначать, что действие достигло определённой степени. Например:

① 他回到北京了。　　② 我们学到第十五课了。
③ 她昨天晚上工作到十点。

（3）带结果补语的句子的否定式是在动词前加 "没（有）"。例如：

Отрицательная форма предложения с дополнением результата образуется путём добавления перед глаголом 《没(有)》. Например:

④ 我没买到那本书。　　⑤ 大卫没找到玛丽。

3. 介词 "给"　Предлог 《给》

介词 "给" 可以用来引出动作、行为的接受对象。例如：

Предлог 《给》 указывает косвенный объект действия. Например:

① 昨天我给你打电话了。　② 他给我做衣服。

六 练习　Упражнения

1. 熟读下列短语，每组选择一个造句　Выучите наизусть следующие словосочетания и составьте предложения с одним в каждой группы

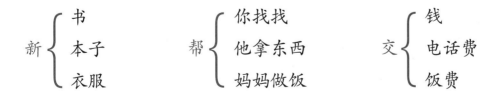

2. 仿照例句改写句子（用上适当的量词） Перепишите предложения по образцу (употребите подходящие счётные слова)

例 Образец 这是一件新毛衣。➡ 这件毛衣是新的。

（1）这是妹妹的电脑。 ➡ _____

（2）那是一本新书。 ➡ _____

（3）这是大卫的照相机。 ➡ _____

（4）这是一个日本电影。 ➡ _____

3. 选择适当的词语完成句子 Закончите следующие предложения подходящими словами

真　　　交　　　完　　　通

（1）我的钱_____，我要去换钱。

（2）这个月的手机费你_____吗？

（3）我给玛丽打电话，没_____，明天再打。

（4）这种_____，我也想买。

4. 完成对话 Закончите диалоги

（1）A：你找什么？

　　 B：_____。

　　 A：你的书是新的吗？

　　 B：_____。

（2）A：_____？

　　 B：我没有。你有法语书吗？

　　 A：有。

　　 B：_____？

　　 A：对，是新买的。

（3）A：这个照相机是谁的？

　　B：_____。

　　A：_____？

　　B：对。你看，很新。

5. 听后复述　Прослушайте и перескажите

这个照相机是大卫新买的。昨天北京大学的两个中国学生来玩儿，我们一起照相了。北京大学的朋友说，星期天请我们去玩儿。他们在北大东门（dōngmén, восточные ворота）等我们。我们去的时候，先（xiān, сначала）给他们打电话。

6. 语音练习　Упражнения по фонетике

(1) 读下列词语：第三声 + 第二声　Прочитайте следующие слова

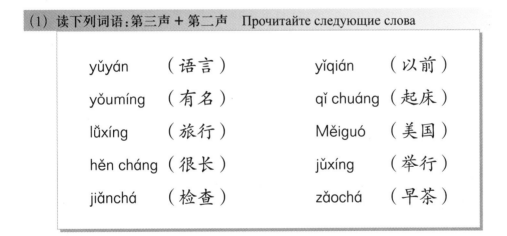

(2) 常用音节练习　Прочитайте следующие слоги

复习（三）
Повторение (Ⅲ)

一 会 话 Диалоги

1

〔小李听见有人敲门（qiāo mén, постучать в дверь），去开门（kāi mén, открывать дверь）〕

李：谁啊？

王：小李，你好！

卫：我们来看你了。

李：是你们啊！快请进！……请坐，请喝茶（chá, чай）。

王、卫：谢谢！

李：你们怎么找到这儿的？

王：小马带我们来的。

卫：小马的奶奶家离这儿很近。他去奶奶家，我们就和他一起来了。

李：你们走累了吧？

王：不累。我们下车以后（yǐhòu, после）很快就找到了这个楼。

卫：你家离你工作的地方很远吧？

李：不远，坐18路车就可以到那儿。你们学习忙吧？

王：很忙，每天（měi tiān, каждый день）都有课，作业（zuòyè, домашние задания）也很多。

卫：今天怎么你一个人在家？你爸爸、妈妈呢？

李：我爸爸、妈妈的一个朋友要去美国，今天他们去看那个朋友了。

王：啊（à, ах），十一点半了，我们去饭店吃饭吧。

李：到饭店去吃饭要等很长时间，也很贵，就在我家吃吧。我还要请你们尝尝我的拿手（náshǒu, фирменный）菜呢！

王、卫：太麻烦（máfan, беспокоить）你了！

#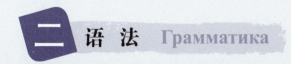

能愿动词小结 Модальные глаголы

1. 想

表示主观上的意愿，侧重"打算、希望"。例如：
Обозначает желание, намерение или надежду. Например:

> A：你想去商店吗？
>
> B：我不想去商店，我想在家看电视。

2. 要

（1）表示主观意志上的要求。否定式是"不想"。例如：

Обозначает волю. Отрицательная форма – 《不想》. Например:

> ① 我要买件毛衣。
>
> ② A：你要看这本书吗？
>
>   B：我不想看，我要看那本杂志。

（2）表示客观事实上的需要。否定式常用"不用"。例如：

Обозначает реальную необходимость. Отрицательная форма – 《不用》. Например:

> ③ A：要换车吗？
>
>   B：要换车（不用换车）。

3. 会

（1）表示通过学习掌握一种技能。例如：

Обозначает овладение навыком через обучение. Например:

> ① 他会说汉语。   ② 我不会做菜。

（2）表示可能性。例如：

Обозначать возможность. Например:

> ③ A：现在十点了，他不会来了吧？
>
>   B：别着急（bié zháo jí, не беспокойся），他会来的。

4. 能

（1）表示具有某种能力。例如：

Обозначает способность. Например:

> ① 大卫能用汉语聊天儿。

（2）也可表示客观上的允许。例如：

Также обозначает допустимость. Например:

② A：你明天上午能来吗？

B：不能来，明天我有事。

5. 可以

表示客观或情理上许可。例如：

Обозначает разрешение. Например:

① A：我们可以走了吗？

B：可以。

② A：我们可以在这儿玩儿吗？

B：不行（xíng, можно），这儿要上课。

三 练习　Упражнения

1. **用动词"给"和下面的词语造双宾语句**　Составьте предложения с двумя объектами, употребляя глагол 《给》 и слова в скобках

本子　　词典　　钱　　鲜花儿　　苹果

2. **回答问题**　Ответьте на вопросы

(1) 这本书生词多吗？

(2) 你的词典是新的吗？那本书是谁的？

(3) 你会说汉语吗？你会不会写汉字？

3. 用下面的句子练习会话 Составьте диалоги, употребляя приведенные предложении

（1）买东西　Покупки

> 你要买什么？　　　　　请问，有……吗？
> 要多少？　　　　　　　一斤多少钱？
> 还要别的吗？　　　　　多少钱一斤？
> 请先交钱。　　　　　　在这儿交钱吗？
> 你怎么付？　　　　　　在哪儿交钱？
> 请数一数。　　　　　　给你钱。

（2）坐车/地铁　На общественном транспорте

> 这路车到……吗？　　　我去……。
> 到……还有几站？　　　买……张票。
> 一张票多少钱？　　　　在……上的。
> 在哪儿换车？　　　　　在……下车。
> 换几路车？

（3）换钱　Обмен валюты

> 这儿能换钱吗？　　　　你带的什么钱？
> ……能换多少人民币？　换多少？
> 请写一下儿钱数和名字。

4. 语音练习 Упражнения по фонетике

（1）声调练习：第四声+第三声　Упражнение по тонам

Hànyǔ　（汉语）

huì jiǎng Hànyǔ　（会讲汉语）

Dàwèi huì jiǎng Hànyǔ.　（大卫会讲汉语。）

（2）朗读会话　Прочитайте диалог

A: Nǐ lěng ma?　　　　B: Yǒudiǎnr lěng.

A: Gěi nǐ zhè jiàn máoyī.　　B: Wǒ shìshi.

A: Bú dà yě bù xiǎo.　　B: Shì a. Xièxie!

 阅读短文　Прочитайте текст

我跟大卫说好（shuōhǎo, договариваться）星期天一起去买衣服。

星期天，我很早就起床了。我家离商场（shāngchǎng, торговый центр）不太远，我九点半坐车去，十点就到了。买东西的人很多。我在商场前边等大卫。等到十点半，大卫还没有来，我就先进去了。

那个商场很大，东西也很多。我想买毛衣，售货员说在二层，我就上楼了。

这儿的毛衣很好看，也很贵。有一件毛衣我穿不长也不短。我去交钱的时候，大卫来了。他说："坐车的人太多了，我来晚了，真对不起（duìbuqǐ, извините）。"我说："没关系。"我们就一起去看别的衣服了。

xiāngyuē
相约（1）
Свидание (1)

16 你看过京剧吗

Ты когда-нибудь смотрел пекинскую оперу

一 句子 Речевые образцы

101 你看过京剧吗？
Nǐ kànguo jīngjù ma?
Ты когда–нибудь смотрел пекинскую оперу?

102 我没看过京剧。 Я не смотрел пекинскую оперу.
Wǒ méi kànguo jīngjù.

103 你知道哪儿演京剧吗？
Nǐ zhīdao nǎr yǎn jīngjù ma?
Знаешь ли ты, где идёт спектакль пекинской оперы?

104 你买到票以后告诉我。
Nǐ mǎidào piào yǐhòu gàosu wǒ.
Когда ты купишь билеты, сообщи мне, пожалуйста.

105 我还没吃过北京烤鸭呢！
Wǒ hái méi chīguo Běijīng kǎoyā ne!
Я ещё не пробовал пекинскую утку.

106 我们应该去尝一尝。
Wǒmen yīnggāi qù cháng yi cháng.
Мы должны пойти попробовать.

107 不行。 Не могу. (Это невозможно.)
Bù xíng.

| 108 | 有 朋 友 来 看 我。
Yǒu péngyou lái kàn wǒ.
Ко мне пришел друг. |

二 会 话 Диалоги

1

玛丽: 你 看 过 京 剧 吗？
Mǎlì: Nǐ kànguo jīngjù ma?

大卫: 没 看 过。
Dàwèi: Méi kànguo.

玛丽: 听 说 很 有 意 思。
Mǎlì: Tīngshuō hěn yǒu yìsi.

大卫: 我 很 想 看, 你 呢？
Dàwèi: Wǒ hěn xiǎng kàn, nǐ ne?

玛丽: 我 也 很 想 看。你 知 道 哪儿 演 吗？
Mǎlì: Wǒ yě hěn xiǎng kàn. Nǐ zhīdao nǎr yǎn ma?

大卫: 人 民 剧 场 常 演。
Dàwèi: Rénmín Jùchǎng cháng yǎn.

玛丽: 那 我 们 星 期 六 去 看，好 不 好？
Mǎlì: Nà wǒmen xīngqīliù qù kàn, hǎo bu hǎo?

大卫: 当 然 好。今 天 我 在 网 上 买 票。
Dàwèi: Dāngrán hǎo. Jīntiān wǒ zài wǎngshang mǎi piào.

玛丽: 买 到 票 以 后 告 诉 我。
Mǎlì: Mǎidào piào yǐhòu gàosu wǒ.

大卫: 好。
Dàwèi: Hǎo.

2

和子: 听说烤鸭是北京的名菜。
Hézǐ: Tīngshuō kǎoyā shì Běijīng de míng cài.

玛丽: 我还没吃过呢!
Mǎlì: Wǒ hái méi chīguo ne!

和子: 我们应该去尝一尝。
Hézǐ: Wǒmen yīnggāi qù cháng yi cháng.

玛丽: 二十八号晚上我没事,你呢?
Mǎlì: Èrshíbā hào wǎnshang wǒ méi shì, nǐ ne?

和子: 不行,有朋友来看我。
Hézǐ: Bù xíng, yǒu péngyou lái kàn wǒ.

玛丽: 三十号晚上怎么样?
Mǎlì: Sānshí hào wǎnshang zěnmeyàng?

和子: 可以。
Hézǐ: Kěyǐ.

三 替换与扩展 Замена и дополнение

1. 替换 Замените

(1) 你<u>看</u>过<u>京剧</u>吗?

去	长城	喝	这种啤酒
喝	那种茶	去	那个公园
吃	那种菜	问	价钱

16 你看过京剧吗 | Ты когда-нибудь смотрел пекинскую оперу

（2）我们应该去<u>尝一尝</u><u>烤鸭</u>。

| 看 | 京剧 | 问 | 老师 |
| 听 | 音乐 | 找 | 他们 |

（3）<u>买</u>到<u>票</u>以后告诉我。

| 收 | 快递 | 买 | 词典 |
| 见 | 玛丽 | 买 | 京剧票 |

2. 扩展　Дополнение

（1）玛丽，快来，有人找你。
　　　Mǎlì, kuài lái, yǒu rén zhǎo nǐ.

（2）A：你看杂技吗？
　　　　Nǐ kàn zájì ma?

　　　B：不看。昨天的练习我还没做呢。
　　　　Bú kàn. Zuótiān de liànxí wǒ hái méi zuò ne.

四 生词　Новые слова

1.	过	guo	助	(аспектная частица)
2.	京剧	jīngjù	名	пекинская опера
3.	演	yǎn	动	ставить; выступать; состояться
4.	以后	yǐhòu	名	потом
5.	告诉	gàosu	动	говорить; сообщать
6.	烤鸭	kǎoyā	名	копчёная утка
7.	应该	yīnggāi	能愿	должен; надо

8.	行	xíng	动/形	можно
9.	有意思	yǒu yìsi		интересно
10.	当然	dāngrán	副	конечно
11.	名菜	míng cài		фирменное блюдо
12.	事	shì	名	событие
13.	酒	jiǔ	名	вино
14.	茶	chá	名	чай
15.	菜	cài	名	блюдо
16.	价钱	jiàqian	名	цена
17.	收	shōu	动	принимать
18.	快递	kuàidì	名	срочная доставка
19.	词典	cídiǎn	名	словарь
20.	杂技	zájì	名	цирк
21.	练习	liànxí	名/动	упражнение; упражняться

专名 Proper Noun

人民剧场	Rénmín Jùchǎng	Народный театр

五 语法 Грамматика

1. 动态助词"过" Аспектная частица 《过》

（1）动态助词"过"用在动词后，说明某种动作曾在过去发生。常用来强调有过这种经历。例如：

16 你看过京剧吗　Ты когда-нибудь смотрел пекинскую оперу

Аспектная частица 《过》 стоит после глагола и указывает на действие, проходившее когда-то в прошлом, при этом подчёркивает этот факт. Например:

① 我去过长城。　　② 我学过汉语。
③ 我没吃过烤鸭。

（2）它的反复问句形式是"……过……没有"。例如：
Утвердительно-отрицательный вопрос образуется так: 《……过……没有》. Например:

④ 你去过那个咖啡馆没有？　　⑤ 你看过那个电影没有？

（3）连动句里要表示过去的经历时，"过"一般放在第二个动词之后。例如：
В конструкции сцепления глаголов 《过》 обычно ставится после второго глагола. Например:

⑥ 我去那个饭店吃过饭。

2. 无主句　Предложение без подлежащего

绝大部分句子都由主语、谓语两部分组成。也有一些句子只有谓语没有主语，这种句子叫无主句。例如：
Большинство предложений состоит из подлежащего и сказуемого. Но в некоторых предложениях только сказуемое, а подлежащего нет. Например:

① 有人找你。　　② 有人请你看电影。

3. "还没（有）……呢"　《还没（有）……呢》

表示一个动作现在还未发生或尚未完成。例如：
Обозначает, что действие ещё не произошло или не совершилось. Например:

① 他还没（有）来呢。　　② 这件事我还不知道呢。
③ 我还没吃过烤鸭呢。

Свидание (1)　157

六 练习 Упражнения

1. 用"了"或"过"完成句子 Закончите следующие предложения с помощью《了》и《过》

(1) 听说中国的杂技很有意思，我还＿＿＿＿＿＿＿＿＿。

(2) 昨天我＿＿＿＿＿＿＿＿＿。这个电影很好。

(3) 他不在，他去＿＿＿＿＿＿＿＿＿。

(4) 你看＿＿＿＿＿＿＿＿＿吗？听说很好。

(5) 你＿＿＿＿＿＿＿＿＿？这种酒不太好喝。

2. 用"了"或"过"回答问题 Ответьте на следующие вопросы с помощью《了》и《过》

(1) 你来过中国吗？来中国以后，你去过什么地方？

(2) 来中国以后，你给家里打过电话吗？

(3) 昨天晚上你做什么了？看电视了吗？

(4) 你常听录音吗？昨天听录音了没有？

3. 判断正误 Поставьте галочку после верного предложения, крестик – после неверного

(1) 我没找到那个本子。（　） (2) 你看过没有京剧？（　）
　　我没找到那个本子了。（　）　　　你看过京剧没有？（　）

(3) 玛丽不去过那个书店。（　） (4) 我还没吃过午饭呢。（　）
　　玛丽没去过那个书店。（　）　　　我还没吃午饭呢。（　）

4. 把下列句子改成否定句 Напишите отрицательную форму следующих предложений

(1) 我找到那个本子了。→ ＿＿＿＿＿＿＿＿＿＿＿＿＿＿＿

16 你看过京剧吗 Ты когда-нибудь смотрел пекинскую оперу

(2) 我看过京剧。　→ _____

(3) 他学过这个汉字。→ _____

(4) 我吃过这种菜。　→ _____

(5) 玛丽去过那个书店。→ _____

5. 听后复述　Прослушайте и перескажите

以前（yǐqián, раньше）我没看过中国的杂技，昨天晚上我看了。中国杂技很有意思，以后我还想看。

我也没吃过中国菜。小王说他会做中国菜，星期六请我吃。

6. 语音练习　Упражнения по фонетике

(1) 读下列词语：第三声 + 第三声　Прочитайте следующие слова

yǒuhǎo	（友好）	wǎn diǎn	（晚点）
yǔfǎ	（语法）	liǎojiě	（了解）
zhǎnlǎn	（展览）	hěn duǎn	（很短）
hǎishuǐ	（海水）	gǔdiǎn	（古典）
guǎngchǎng	（广场）	yǒngyuǎn	（永远）

(2) 常用音节练习　Прочитайте следующие слоги

Свидание (2)

17 去动物园
В зоопарк

一 句子 Речевые образцы

109 这两天天气很好。①
Zhè liǎng tiān tiānqì hěn hǎo.
На днях хорошая погода.

110 我们出去玩儿玩儿吧。
Wǒmen chūqu wánr wánr ba.
Давайте пойдём на прогулку.

111 去哪儿玩儿好呢？ Куда пойдём?
Qù nǎr wánr hǎo ne?

112 去北海公园，看看花儿，划划船。
Qù Běihǎi Gōngyuán, kànkan huār, huáhua chuán.
Давайте пойдём в Парк Бэйхай посмотреть цветы, покататься на лодке.

113 骑自行车去吧。Давайте поедем на велосипеде.
Qí zìxíngchē qù ba.

114 今天天气多好啊！ Какая хорошая погода сегодня!
Jīntiān tiānqì duō hǎo a!

115 他上午到还是下午到？
Tā shàngwǔ dào háishi xiàwǔ dào?
Когда он придёт, утром или после обеда?

116 我跟你一起去。Я поеду с тобой вместе.
Wǒ gēn nǐ yìqǐ qù.

17 去动物园 В зоопарк

二 会 话 Диалоги

1

张丽英： 这 两 天 天气 很 好， 我们 出去 玩儿
Zhāng Lìyīng: Zhè liǎng tiān tiānqì hěn hǎo, wǒmen chūqu wánr

玩儿 吧。
wánr ba.

和子： 去 哪儿 玩儿 好 呢？
Hézǐ: Qù nǎr wánr hǎo ne?

张丽英： 去 北海 公园，看看 花儿， 划划 船，
Zhāng Lìyīng: Qù Běihǎi Gōngyuán, kànkan huār, huáhua chuán,

多 好 啊！
duō hǎo a!

和子： 上 星期 我 去 过 了， 去 别的 地方 吧。
Hézǐ: Shàng xīngqī wǒ qùguo le, qù bié de dìfang ba.

张丽英： 去 动物园 怎么样？
Zhāng Lìyīng: Qù dòngwùyuán zěnmeyàng?

和子： 行， 还 可以 看看
Hézǐ: Xíng, hái kěyǐ kànkan

大 熊猫 呢。
dàxióngmāo ne.

张丽英： 我们 怎么 去？
Zhāng Lìyīng: Wǒmen zěnme qù?

和子： 骑 自行车 去 吧。
Hézǐ: Qí zìxíngchē qù ba.

2

和子：你认识李成日吗？
Hézǐ: Nǐ rènshi Lǐ Chéngrì ma?

刘京：当然认识。去年他在这儿学过汉语。
Liú Jīng: Dāngrán rènshi. Qùnián tā zài zhèr xuéguo Hànyǔ.

和子：你知道吗？明天他来北京。
Hézǐ: Nǐ zhīdao ma? Míngtiān tā lái Běijīng.

刘京：不知道。他上午到还是下午到？
Liú Jīng: Bù zhīdao. Tā shàngwǔ dào háishi xiàwǔ dào?

和子：下午两点，我去机场接他。
Hézǐ: Xiàwǔ liǎng diǎn, wǒ qù jīchǎng jiē tā.

刘京：明天下午没有课，我跟你一起去。
Liú Jīng: Míngtiān xiàwǔ méiyǒu kè, wǒ gēn nǐ yìqǐ qù.

和子：好的。
Hézǐ: Hǎo de.

刘京：什么时候去？
Liú Jīng: Shénme shíhou qù?

和子：一点吧。
Hézǐ: Yī diǎn ba.

注释　Комментарии

❶ 这两天天气很好。　На днях хорошая погода.

"这两天"是表示"最近"的意思。"两"在这里表示概数。
《这两天》значит «на днях». Здесь 《两》обозначает число приблизительно.

三 替换与扩展　Замена и дополнение

1. 替换　Замените

(1) 这两天<u>天气很好</u>。　>> <<　我没事　他很忙
小王身体不好
他们有考试
坐地铁的人很多

(2) 看看花儿，划划船，多<u>好</u>啊！　>> <<　有意思　高兴

(3) 他<u>上午</u>到还是<u>下午</u>到？　>> <<　今天　　明天
下星期　这个星期
早上八点　晚上八点

2. 扩展　Дополнение

(1) A：玛丽在哪儿？
　　　Mǎlì zài nǎr?

B：在楼上，你上去找她吧。
　　Zài lóu shang, nǐ shàngqu zhǎo tā ba.

(2) A：去动物园哪条路近？
　　　Qù dòngwùyuán nǎ tiáo lù jìn?

B：这条路最近。
　　Zhè tiáo lù zuì jìn.

四 生词 Новые слова

1.	天气	tiānqì	名	погода
2.	出去	chūqu		выходить, уходить
3.	划	huá	动	грести
4.	船	chuán	名	лодка
5.	骑	qí	动	ездить
6.	自行车	zìxíngchē	名	велосипед
7.	啊	a	助	(модальная частица)
8.	还是	háishi	连	или
9.	跟	gēn	介	и; с
10.	上	shàng	名	последний, предыдущий
11.	动物园	dòngwùyuán	名	зоопарк
12.	大熊猫	dàxióngmāo	名	панда
13.	去年	qùnián	名	прошлый год
14.	学	xué	动	учиться
15.	机场	jīchǎng	名	аэропорт
16.	接	jiē	动	встречать
17.	考试	kǎo shì		сдавать экзамен; экзамен
18.	下	xià	名	следующий
19.	条	tiáo	量	(счётное слово)
20.	最	zuì	副	самый

五 语法 Грамматика

1. 选择疑问句 Альтернативый вопрос

用连词"还是"连接两种可能的答案，由回答的人选择其一，这种疑问句叫选择疑问句。例如：

Вопрос с двумя возможными вариантами ответа–выбора, соединяющимися союзом 《还是》, является альтернативным вопросом. Например:

① 你上午去还是下午去？ ② 你喝咖啡还是喝茶？
③ 你一个人去还是跟朋友一起去？

2. 表示动作方式的连动句 Конструкция сцепления глаголов, обозначающая образ действия

这种连动句中前一个动词或动词短语表示动作的方式。例如：

В такой конструкции первый глагол или глагольное словосочетание обозначает образ действия. Например:

坐车去机场   骑自行车去

3. 趋向补语（1） Дополнение направления (1)

一些动词后边常用"来""去"作补语，表示动作的趋向，这种补语叫趋向补语。动作如果向着说话人就用"来"，与之相反的就用"去"。例如：

《来》или 《去》после некоторых глаголов служит дополнением, обозначающим направление действия. Если действие направляется к говорящему, то употребляется 《来》, если от говорящего – 《去》. Например:

① 上课了，快进来吧。（说话人在里边）
② 他不在家，出去了。（说话人在家里）
③ 玛丽，快下来！（说话人在楼下，玛丽在楼上）

六 练习 Упражнения

1. 给下面的词配上适当的宾语并造句 Добавьте подходящие объекты и составьте предложения с помощью этих слов

坐＿＿＿＿   划＿＿＿＿   骑＿＿＿＿   演＿＿＿＿

拿＿＿＿＿   换＿＿＿＿   穿＿＿＿＿   打＿＿＿＿

2. 看图说话（用上趋向动词"来""去"） Составьте диалоги по картинкам
（употребите дополнение направления《来》《去》）

（1）大卫说："你＿＿＿＿吧。"

　　玛丽说："你＿＿＿＿吧。"

（2）A：＿＿＿＿＿＿＿＿＿＿。

　　B：＿＿＿＿＿＿＿＿＿＿。

　　C：＿＿＿＿＿＿＿＿＿＿。

3. 根据所给内容，用"还是"提问 Задайте вопросы по приведенным словосочетаниям с помощью《还是》

例 Образец 六点半起床　七点起床 → 你六点半起床还是七点起床？

（1）去北海公园　去动物园 → ＿＿＿＿＿＿＿＿＿＿

（2）看电影　　　看杂技　 → ＿＿＿＿＿＿＿＿＿＿

（3）坐车去　　骑自行车去　➡　_____

（4）你去机场　　他去机场　➡　_____

（5）今年回国　　明年回国　➡　_____

4. 听后复述　Прослушайте и перескажите

王兰告诉我，离我们学校不远有一个果园（guǒyuán, фруктовый сад）。那个果园有很多水果（shuǐguǒ, фрукты），可以看，可以吃，也可以买。我们应该去看看。我们想星期天去。我们骑自行车去。

5. 语音练习　Упражнения по фонетике

(1) 读下列词语：第三声 + 第四声　Прочитайте следующие слова

(2) 常用音节练习　Прочитайте следующие слоги

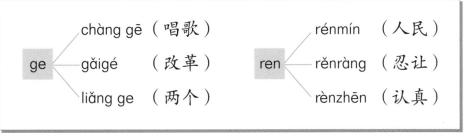

yíngjiē
迎接（1）
Встреча (1)

18 路上辛苦了

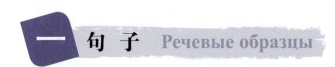

一 句 子　Речевые образцы

117 从 东 京 来 的 飞 机 到 了 吗？
Cóng Dōngjīng lái de fēijī dào le ma?
Самолёт из Токио уже прибыл?

118 飞 机 晚 点 了。　Самолёт опоздал.
Fēijī wǎn diǎn le.

119 飞 机 快 要 起 飞 了。　Самолёт скоро вылетает.
Fēijī kuài yào qǐfēi le.

120 飞 机 大 概 三 点 半 能 到。
Fēijī dàgài sān diǎn bàn néng dào.
Самолёг, наверное, прибудет полчетвёртого.

121 我 们 先 去 喝 点 儿 咖 啡，一 会 儿
Wǒmen xiān qù hē diǎnr kāfēi, yíhuìr
再 来 这 儿 吧。
zài lái zhèr ba.
Давайте сначала пойдём попить кофе, а потом вернёмся сюда.

122 路 上 辛 苦 了。　Как вы доехали?
Lùshang xīnkǔ le.

123 你 怎 么 知 道 我 要 来？
Nǐ zěnme zhīdao wǒ yào lái?
Как ты узнал, что я прилечу?

124 | 是和子告诉我的。 Мне сообщила Вако.
Shì Hézǐ gàosu wǒ de.

二 会话 Диалоги

1

和子: 从东京来的飞机到了吗?
Hézǐ: Cóng Dōngjīng lái de fēijī dào le ma?

服务员: 还没到。
Fúwùyuán: Hái méi dào.

和子: 为什么?
Hézǐ: Wèi shénme?

服务员: 晚点了。飞机现在在上海。
Fúwùyuán: Wǎn diǎn le. Fēijī xiànzài zài Shànghǎi.

和子: 起飞了吗?
Hézǐ: Qǐfēi le ma?

服务员: 快要起飞了。
Fúwùyuán: Kuài yào qǐfēi le.

和子: 什么时候能到?
Hézǐ: Shénme shíhou néng dào?

服务员: 大概三点半能到。
Fúwùyuán: Dàgài sān diǎn bàn néng dào.

和子: 刘京,我们先去喝点儿咖啡,
Hézǐ: Liú Jīng, wǒmen xiān qù hē diǎnr kāfēi,

一会儿再来这儿吧。
yíhuìr zài lái zhèr ba.

2

和子: 你看，李成日来了。
Hézǐ: Nǐ kàn, Lǐ Chéngrì lái le.

刘京: 你好！路上辛苦了。
Liú Jīng: Nǐ hǎo! Lùshang xīnkǔ le.

李成日: 你们好！刘京，你怎么知道我要来？
Lǐ Chéngrì: Nǐmen hǎo! Liú Jīng, nǐ zěnme zhīdao wǒ yào lái?

刘京: 是和子告诉我的。
Liú Jīng: Shì Hézǐ gàosu wǒ de.

李成日: 感谢你们来接我。
Lǐ Chéngrì: Gǎnxiè nǐmen lái jiē wǒ.

和子: 我们出去吧！
Hézǐ: Wǒmen chūqu ba!

李成日: 等一等，还有贸易
Lǐ Chéngrì: Děng yi děng, hái yǒu màoyì

公司的人接我呢。
gōngsī de rén jiē wǒ ne.

刘京: 好，我们在这儿等你。
Liú Jīng: Hǎo, wǒmen zài zhèr děng nǐ.

三 替换与扩展 Замена и дополнение

1. 替换 Замените

(1) 快要起飞了。

上课	考试
开车	毕业

（2）我们先去喝点儿咖啡，一会儿再来这儿吧。

换	钱	买饮料
吃	东西	照相
喝	啤酒	看电影

（3）是和子告诉我的。

| 刘经理 | | 王兰 |
| 那个留学生 | | 他哥哥 |

2. 扩展　Дополнение

（1）A：他 是 怎么 来 的？
　　　 Tā shì zěnme lái de?

　　 B：他（是）坐 出租车 来 的。
　　　 Tā (shì) zuò chūzūchē lái de.

（2）火 车 要 开 了，快 上 去 吧。
　　 Huǒchē yào kāi le, kuài shàngqu ba.

四　生词　Новые слова

1.	从	cóng	介	от
2.	飞机	fēijī	名	самолёт
3.	晚点	wǎn diǎn		опаздывать
4.	要……了	yào……le		(будущее время глагола)
5.	起飞	qǐfēi	动	вылетать
6.	大概	dàgài	副	наверное
7.	先	xiān	副	сначала

8.	咖啡	kāfēi	名	кофе
9.	辛苦	xīnkǔ	形	усталый
10.	服务员	fúwùyuán	名	служащий; официант
11.	为什么	wèi shénme		почему
12.	一会儿	yíhuìr	数量	немножко (о времени)
13.	感谢	gǎnxiè	动	благодарить
14.	贸易	màoyì	名	торговля
15.	开	kāi	动	водить (машину)
16.	毕业	bì yè		оканчивать (университет или школу)
17.	饮料	yǐnliào	名	напиток
18.	啤酒	píjiǔ	名	пиво
19.	出租车	chūzūchē	名	такси
20.	火车	huǒchē	名	поезд

五 语法 Грамматика

1. "要……了" Выражение 《要……了》

（1）"要……了"句式表示一个动作或情况很快就要发生。副词"要"表示将要，放在动词或形容词前，句尾加语气助词"了"。"要"前还可加上"就"或"快"，表示时间紧迫。例如：

Конструкция 《要……了》 употребляется для обозначения того, что очень скоро возникнет какое-нибудь действие или явление. Наречие 《要》 означает 《будет》 и ставится перед глаголом или прилагательным. А модальная частица 《了》 стоит в конце предложения: Перед《要》можно добавить《就》или《快》, чтобы показывать близость времени (действие вот-вот произойдёт). Например:

① 火车要开了。　　　② 他就要来了。
③ 快要到北京了。

（2）"就要……了"前边可以加时间状语，"快要……了"不行。例如"他明天就要走了"，不能说"他明天快要走了"。

Перед《就要……了》можно добавить обстоятельство, выраженное временным существительным, а перед《快要……了》——нельзя. Например:《他明天就要走了》——это правильно, а《他明天快要走了》——неправильно.

2. "是……的" Выражение《是……的》

（1）"是……的"句可用来强调说明已经发生的动作的时间、地点、方式等。"是"放在被强调说明的部分之前，有时可以省略。"的"放在句尾。例如：

Предложение с конструкцией《是……的》используется для подчёркивания времени, места или образа совершившегося действия.《是》нужно поставить перед подчёркиваемой частью. Иногда оно опускается. А《的》——в конце предложения. Например:

① 他（是）昨天来的。　　② 你（是）在哪儿买的？
③ 我（是）坐飞机来的。

（2）是……的"句有时也可强调动作的施事。例如：

Предложение с конструкцией《是……的》иногда употребляется для подчёркивания субъекта действия. Например:

④（是）她告诉我的。

六 练习 Упражнения

1. 用"要……了""快要……了"或"就要……了"改写句子 Перестройте следующие предложения конструкциями《要……了》《快要……了》или《就要……了》

例 Образец 现在是十月,你应该买毛衣了。

→ 天气(快)要冷了,你应该买毛衣了。

(1) 八点上课,现在七点五十了,我们快走吧。

→ _____

(2) 你再等等,他很快就来。

→ _____

(3) 李成日明天回国,我们去看看他吧。

→ _____

(4) 饭很快就做好了,你们在这儿吃吧。

→ _____

2. 用"(是)……的"完成对话 Закончите следующие диалоги конструкциями《(是)……的》

(1) A: 这种橘子真好吃, _____ ?

　　B: 是在旁边的商店 _____ 。

(2) A: 你给玛丽打电话了吗?

　　B: 打了。我是昨天晚上 _____ 。

　　A: 她知道开车的时间了吗?

　　B: 她昨天上午就知道了。

　　A: _____ ?

　　B: 是刘京告诉她的。

3. 看图用"是……的"句说句子　Посмотрите на картинки и расскажите

（1）骑自行车　　　来

（2）食堂　　　吃

（3）上课　　　8点

（4）睡觉　　　晚上

4. 按照实际情况回答问题　Ответьте на следующие вопросы

（1）你从哪儿来？你是怎么来的？

（2）你为什么来中国？

5. 听后复述　Прослушайте и перескажите

我从法国来，我是坐飞机来的。我在北京语言大学学习汉语。在法国我没学过汉语，我不会说汉语，也不会写汉字。现在我会说一点儿了，我很高兴。我应该感谢我们的老师。

6. 语音练习　Упражнения по фонетике

（1）读下列词语：第三声 + 轻声　Прочитайте следующие слова

zěnme	（怎么）	wǎnshang	（晚上）
xǐhuan	（喜欢）	jiǎozi	（饺子）
zǎoshang	（早上）	sǎngzi	（嗓子）
jiějie	（姐姐）	nǎinai	（奶奶）
shǒu shang	（手上）	běnzi	（本子）

（2）常用音节练习　Прочитайте следующие слоги

yíngjiē
迎接（2）
Встреча (2)

19 欢迎你
Добро пожаловать

 句 子 Речевые образцы

125 别 客气。 Не за что.
Bié kèqi.

126 一点儿 也 不 累。 Совсем не устал.
Yìdiǎnr yě bú lèi.

127 您 第一 次 来 中国 吗？ Вы первый раз приехали в Китай?
Nín dì-yī cì lái Zhōngguó ma?

128 我 以前 来过（中国）两 次。
Wǒ yǐqián láiguo (Zhōngguó) liǎng cì.
Раньше я был (в Китае) два раза.

129 这 是 我们 经理 给 您 的 礼物。
Zhè shì wǒmen jīnglǐ gěi nín de lǐwù.
Это вам подарок от нашего директора.

130 他 问 您 好。 Он попросил мне передать вам привет.
Tā wèn nín hǎo.

131 我们 在 北京 饭店 请 您 吃 晚饭。
Wǒmen zài Běijīng Fàndiàn qǐng nín chī wǎnfàn.
Приглашаем вас на ужин в Гостиницу «Пекин».

132 我 从 朋友 那儿 去 饭店。
Wǒ cóng péngyou nàr qù fàndiàn.
Я поеду в гостиницу от друга.

Встреча (2) 177

二 会话 Диалоги

1

王: 您好，李先生！我是王大年，公司的翻译。
Wáng: Nín hǎo, Lǐ xiānsheng! Wǒ shì Wáng Dànián, gōngsī de fānyì.

李: 谢谢您来接我。
Lǐ: Xièxie nín lái jiē wǒ.

王: 别客气。路上辛苦了。累了吧？
Wáng: Bié kèqi. Lùshang xīnkǔ le. Lèi le ba?

李: 一点儿也不累，很顺利。
Lǐ: Yìdiǎnr yě bú lèi, hěn shùnlì.

王: 汽车在外边，我们送您去饭店。
Wáng: Qìchē zài wàibian, wǒmen sòng nín qù fàndiàn.

李: 我还有两个朋友。
Lǐ: Wǒ hái yǒu liǎng ge péngyou.

王: 那一起走吧。
Wáng: Nà yìqǐ zǒu ba.

李: 谢谢！
Lǐ: Xièxie!

2

经理：欢迎您，李先生！
Jīnglǐ: Huānyíng nín, Lǐ xiānsheng!

李：谢谢！
Lǐ: Xièxie!

经理：您第一次来中国吗？
Jīnglǐ: Nín dì-yī cì lái Zhōngguó ma?

李：不，我以前来过两次。这是我们经理给您的礼物。
Lǐ: Bù, wǒ yǐqián láiguo liǎng cì. Zhè shì wǒmen jīnglǐ gěi nín de lǐwù.

经理：麻烦您了。
Jīnglǐ: Máfan nín le.

李：他问您好。
Lǐ: Tā wèn nín hǎo.

经理：谢谢。今天我们在北京饭店请您吃晚饭。
Jīnglǐ: Xièxie. Jīntiān wǒmen zài Běijīng Fàndiàn qǐng nín chī wǎnfàn.

李：您太客气了，真不好意思。
Lǐ: Nín tài kèqi le, zhēn bù hǎoyìsi.

经理：您有时间吗？
Jīnglǐ: Nín yǒu shíjiān ma?

李：下午我去朋友那儿，晚上没事。
Lǐ: Xiàwǔ wǒ qù péngyou nàr, wǎnshang méi shì.

经理：我们去接您。
Jīnglǐ: Wǒmen qù jiē nín.

李：不用了，我可以打车从朋友那儿去。
Lǐ: Búyòng le, wǒ kěyǐ dǎ chē cóng péngyou nàr qù.

三 替换与扩展 Замена и дополнение

1. 替换 Замените

(1) <u>一点儿</u>也<u>不累</u>。

一点儿	不热
一点儿	不慢
一样东西	没买
一分钟	没休息

(2) 这是<u>我们经理</u><u>给您</u>的<u>礼物</u>。

我姐姐	给我	笔
他哥哥	送你	花儿
我朋友	给我	花儿

(3) A：您是第一次<u>来</u><u>中国</u>吗？
　　B：不，我以前<u>来</u>过两次。

吃烤鸭	吃
看京剧	看
来我们学校	来

2. 扩展 Дополнение

(1) 这次我来北京很顺利。
　　Zhè cì wǒ lái Běijīng hěn shùnlì.

(2) 我寄给你的快递收到了吗？
　　Wǒ jì gěi nǐ de kuàidì shōudào le ma?

(3) 我来中国的时候一句汉语也不会说。
　　Wǒ lái Zhōngguó de shíhou yí jù Hànyǔ yě bú huì shuō.

四 生词 Новые слова

1.	别	bié	副	не...
2.	客气	kèqi	形	вежливый
3.	第	dì		(употребляется для образования порядковых числительных)
4.	次	cì	量	раз
5.	经理	jīnglǐ	名	директор
6.	礼物	lǐwù	名	подарок
7.	先生	xiānsheng	名	господин
8.	翻译	fānyì	名/动	перевод; переводить
9.	顺利	shùnlì	形	успешный
10.	外边	wàibian	名	внешняя сторона; вне; за
11.	送	sòng	动	возить, сопровождать
12.	以前	yǐqián	名	раньше
13.	麻烦	máfan	动/形/名	беспокоить; хлопотливый, беспокойный; хлопоты, беспокойство
14.	不好意思	bù hǎoyìsi		стесняться
15.	不用	búyòng	副	не надо
16.	打车	dǎ chē		брать такси
17.	热	rè	形	горячий; тёплый
18.	慢	màn	形	медленный
19.	分钟	fēnzhōng	名	минута

| 20. | 寄 | jì | 动 | посылать |
| 21. | 句 | jù | 量 | предложение |

五 语法 Грамматика

1. "从""在"的宾语与"这儿""那儿"　Объекты слов《从》и《在》со словами《这儿》《那儿》

"从""在"的宾语如果是一个指人的名词或代词，必须在它后边加"这儿"或"那儿"才能表示处所。例如：

Если объектом слова《从》или《在》служит существительное или местоимение, обозначающее человека, то за ним необходимо добавить《这儿》или《那儿》, чтобы показывать место. Например：

① 他从我这儿去书店。　② 我从张大夫那儿来。
③ 我妹妹在玛丽那儿玩儿。　④ 我的笔在他那儿。

2. 动量补语　Дополнение частоты

（1）动量词和数词结合，放在动词后边，说明动作发生的次数，构成动量补语。例如：

Счётные слова глаголов в сочетании с числительными, которые указывают, сколько раз происходит действие, ставятся после глаголов в роли дополнения частоты. Например：

① 他来过一次。　② 我找过他两次，他都不在。

（2）"一下儿"作动量补语，除了可以表示动作的次数外，也可以表示动作经历的时间短暂，并带有轻松随便的意味。例如：

《一下儿》в качестве дополнения частоты указывает не только на частоту действия, но и на краткость действия. Обычно он имеет оттенок непринуждённости. Например:

③ 给你们介绍一下儿。　　④ 你帮我拿一下儿。

3. 动词、动词短语、主谓短语等作定语　Глагол, глагольное словосочетание или подлежащно-сказуемое словосочетание в роли определения

动词、动词短语、主谓短语、介词短语作定语时，必须加"的"。例如：

Если глагол, глагольное словосочетание, подлежащно-сказуемое словосочетание или предложное словосочетание служат определениями, то за ними обязательно следует слово 《的》. Например:

① 来的人很多。　　② 学习汉语的学生不少。
③ 这是经理给您的信。　　④ 从东京来的飞机下午到。

六　练习　Упражнения

1. 用下列动词造句　Составьте предложения со следующими глаголами

接　送　给　收　换

2. 给词语选择适当的位置（有的在A在B都行）　Поставьте приведенные слова в нужное место в следующих предложениях (в некоторых из предложений можно поставить и на 《A》 и на 《B》).

(1) 我坐过A11路汽车B。　　（两次）
(2) 她去过A上海B。　　（三次）
(3) 动物园我A去过B。　　（两次）
(4) 我哥哥的孩子吃过A烤鸭B。　　（一次）
(5) 你帮我A拿B。　　（一下儿）

3. 用"一……也……"改写句子 Перестройте следующие предложения конструкциями《一…也…》

例 Образец 我没休息。（天）➡ 我一天也没休息。

（1）今天我没喝啤酒。（瓶）➡ _____

（2）我没去过动物园。（次）➡ _____

（3）在北京他没骑过自行车。（次）➡ _____

（4）今天我没带钱。（分）➡ _____

（5）他不认识汉字。（个）➡ _____

4. 按照实际情况回答问题 Ответьте на следующие вопросы

（1）你来过中国吗？现在是第几次来？

（2）这本书有多少课？这是第几课？

（3）你一天上几节（jié, period）课？现在是第几节课？

（4）你们宿舍楼有几层？你住在几层？

5. 情景会话 Составьте диалоги по следующим ситуациям

（1）去机场接朋友。

Вы встречаете друга в аэропорту.

提示：问候路上怎么样；告诉他/她现在去哪儿、这几天做什么等。

Содержание: Спросите о поездке; Сообщите ему, куда сейчас поедете и что будете делать в следующие дни.

（2）去火车站接朋友，火车晚点了。

Вы приезжаете на вокзал встретить друга, но поезд опаздывает

提示：问为什么还没到、什么时候能到等。

Содержание: Спросите, почему поезд опаздывает и когда он придёт.

6. 听后复述　Прослушайте и перескажите

上星期五我去大同（Dàtóng, Датон, название города）了。我是坐火车去的，今天早上回来的。我第一次去大同。我很喜欢这个地方。

从北京到大同很近。坐高铁去大概要两个小时（xiǎoshí, час）。现在去，不冷也不热。下星期你也去吧。

7. 语音练习　Упражнения по фонетике

（1）读下列词语：第四声 + 第一声　Прочитайте следующие слова

qìchē	（汽车）	lùyīn	（录音）
dàyī	（大衣）	chàng gē	（唱歌）
diàndēng	（电灯）	dàjiā	（大家）
hùxiāng	（互相）	hòutiān	（后天）

（2）常用音节练习　Прочитайте следующие слоги

20 为我们的友谊干杯
Давайте выпьем за нашу дружбу

一 句 子 Речевые образцы

133 请这儿坐。 Садитесь сюда, пожалуйста.
Qǐng zhèr zuò.

134 我过得很愉快。 Мне очень весело.
Wǒ guò de hěn yúkuài.

135 您喜欢喝什么酒？
Nín xǐhuan hē shénme jiǔ?
Что вы хотите выпить?

136 为我们的友谊干杯！①
Wèi wǒmen de yǒuyì gān bēi!
Давайте выпьем за нашу дружбу.

137 这个鱼做得真好吃。 Рыба очень вкусная.
Zhège yú zuò de zhēn hǎochī.

138 你们别客气，像在家一样。
Nǐmen bié kèqi, xiàng zài jiā yíyàng.
Не стесняйтесь, чувствуйте себя как дома.

139 我做菜做得不好。 Я плохо готовлю блюда.
Wǒ zuò cài zuò de bù hǎo.

140 你们慢慢吃。② Кушайте на здоровье.
Nǐmen mànmàn chī.

二 会话 Диалоги

1

翻译：李先生，请这儿坐。
Fānyì: Lǐ xiānsheng, qǐng zhèr zuò.

李：谢谢！
Lǐ: Xièxie!

经理：这两天过得怎么样？
Jīnglǐ: Zhè liǎng tiān guò de zěnmeyàng?

李：过得很愉快。
Lǐ: Guò de hěn yúkuài.

翻译：您喜欢喝什么酒？
Fānyì: Nín xǐhuan hē shénme jiǔ?

李：啤酒吧。
Lǐ: Píjiǔ ba.

经理：您尝尝这个菜怎么样。
Jīnglǐ: Nín chángchang zhège cài zěnmeyàng.

李：很好吃。
Lǐ: Hěn hǎochī.

经理：吃啊，别客气。
Jīnglǐ: Chī a, bié kèqi.

李：不客气。
Lǐ: Bú kèqi.

经理：来，为我们的友谊干杯！
Jīnglǐ: Lái, wèi wǒmen de yǒuyì gān bēi!

20 为我们的友谊干杯

李： 为大家的健康干杯！
Lǐ: Wèi dàjiā de jiànkāng gān bēi!

翻译： 干杯！
Fānyì: Gān bēi!

2

刘京： 我们先喝酒吧。
Liú Jīng: Wǒmen xiān hē jiǔ ba.

李成日： 这个鱼做得真好吃。
Lǐ Chéngrì: Zhège yú zuò de zhēn hǎochī.

刘京妈妈： 你们别客气，像在家一样。
Liú Jīng māma: Nǐmen bié kèqi, xiàng zài jiā yíyàng.

李成日： 我们不客气。
Lǐ Chéngrì: Wǒmen bú kèqi.

刘京妈妈： 吃饺子吧。
Liú Jīng māma: Chī jiǎozi ba.

和子： 我最喜欢吃饺子了。
Hézǐ: Wǒ zuì xǐhuan chī jiǎozi le.

刘京： 听说你很会做日本菜。
Liú Jīng: Tīngshuō nǐ hěn huì zuò Rìběncài.

和子： 哪儿啊，③我做得不好。
Hézǐ: Nǎr a, wǒ zuò de bù hǎo.

刘京： 你怎么不吃了？
Liú Jīng: Nǐ zěnme bù chī le?

和子： 吃饱了。你们慢慢吃。
Hézǐ: Chī bǎo le. Nǐmen mànmàn chī.

注释　Комментарии

❶ 为我们的友谊干杯！ Давайте выпьем за нашу дружбу.

介词"为"用来说明动作的目的，必须放在动词前边。

Предлог《为》ставится перед глаголом и указывает цель действия.

❷ 你们慢慢吃。 Кушайте на здоровье.

这是客套话。自己吃完而别人还未吃完，就说"慢慢吃"或"慢用"。

Как вежливое выражение оно употребляется, когда кто-нибудь уже наелся, пока другие ещё едят. Дословный перевод——《кушайте, не торопясь》.

❸ 哪儿啊。 Что вы.

"哪儿啊"表示否定的意思。常用来回答别人的夸奖，表示自己没有对方说的那么好。

《哪儿》——вежливое выражение. Когда употребляется как ответ, оно обозначает, что говорящий не заслуживает такой похвалы.

三 替换与扩展　Замена и дополнение

1. 替换　Замените

(1) 我 过得很愉快。

我们	生活	好
他	说	快
张先生	休息	不错
大卫	睡	晚

(2) 这个 鱼 做得真好吃。

件	衣服	洗	干净
张	照片	照	好
辆	汽车	开	快

20 为我们的友谊干杯 Давайте выпьем за нашу дружбу

(3) 我<u>做</u> <u>菜</u> <u>做</u>得<u>不好</u>。

做	饺子	好吃
写	汉字	好看
翻译	生词	快

2. 扩展　Дополнение

(1) 他 汉语 说 得 真 好, 像 中国 人 一样。
　　Tā　Hànyǔ　shuō de　zhēn hǎo, xiàng Zhōngguórén　yíyàng.

(2) 你 说 得 太 快, 我 没 听懂, 请 你 说 得 慢
　　Nǐ shuō de　tài kuài, wǒ méi tīngdǒng, qǐng nǐ shuō de màn
一点儿。
yìdiǎnr.

四　生词　Новые слова

1.	过	guò	动	проводить; проходить
2.	得	de	助	(структурная частица)
3.	愉快	yúkuài	形	приятный; весёлый
4.	喜欢	xǐhuan	动	нравиться
5.	为……干杯	wèi……gān bēi		выпивать (за что)
6.	友谊	yǒuyì	名	дружба
7.	鱼	yú	名	рыба
8.	像	xiàng	动	похожий; как
9.	一样	yíyàng	形	одинаковый

10.	大家	dàjiā	代	все
11.	健康	jiànkāng	形	здоровый
12.	饺子	jiǎozi	名	пельмени
13.	饱	bǎo	形	сытый
14.	生活	shēnghuó	动/名	жизнь; жить
15.	睡	shuì	动	спать
16.	晚	wǎn	形	поздний
17.	洗	xǐ	动	мыть
18.	干净	gānjìng	形	чистый
19.	照片	zhàopiàn	名	фотография
20.	辆	liàng	量	(счётное слово для машин)

五 语法 Грамматика

1. 状态补语 Дополнение состояния

（1）表示动作状态的补语，叫状态补语。简单的状态补语一般由形容词充任。动词和状态补语之间要用结构助词"得"来连接。

Дополнение может обозначать состояние. Простым дополнением состояния обычно служит прилагательное. Между глаголом и таким дополнением ставится структурная частица 《得》.

① 我们休息得很好。
② 玛丽、大卫他们玩儿得很愉快。

（2）状态补语的否定式是在补语的前边加否定副词"不"。注意："不"不能放在动词的前边。例如：

Отрицательная форма образуется путём добавления перед дополнением отрицательного наречия 《不》.《不》 нельзя ставить перед глаголом. Например:

③ 他来得不早。　　　④ 他生活得不太好。

（3）带状态补语的正反疑问句是并列状态补语的肯定形式和否定形式。例如：

Утвердительно-отрицательный вопрос с дополнением степени образуется путем постановки утвердительной формы дополнения рядом с его отрицательной формой. Например:

⑤ 你休息得好不好？　　　⑥ 这个鱼做得好吃不好吃？

2. 状态补语与宾语　Дополнение состояния и прямой объект

动词后边如果带宾语，再有状态补语时，必须在宾语之后、"得"和状态补语之前重复动词。例如：

Если дополнение состояния ставится после глагола с прямым объектом, то глагол должен повториться между прямым объектом и частицей 《得》. Например:

① 他说汉语说得很好。　　　② 她做饭做得很不错。
③ 我写汉字写得不太好。

六　练习　Упражнения

1. 熟读下列短语并选择五个造句　Выучите наизусть следующие словосочетания и составьте предложения с пятью из них

起得很早	走得很快	玩儿得很高兴
生活得很愉快	穿得很多	演得好极了
休息得不太好	来得不晚	写得不太慢

2. 用状态补语完成句子 Закончите следующие предложения, добавляя дополнение состояния

（1）他洗衣服 _____。

（2）我姐姐做鱼 _____。

（3）小王开车 _____。

（4）他划船 _____。

3. 完成对话（注意用上带"得"的状态补语） Закончите следующие диалоги (добавьте дополнение состояния《得》)

（1）A：你喜欢吃鱼吗？这鱼做 _____？

　　 B：_____ 很好吃。

（2）A：今天的京剧演 _____？

　　 B：_____ 很好。

（3）A：昨天晚上你几点睡的？

　　 B：十二点。

　　 A：_____。你早上起得也很晚吧？

　　 B：不，_____。

4. 用"在""给""得""像……一样""跟……一起"填空 Заполните пропуски с помощью《在》《给》《得》《像……一样》или《跟……一起》

王兰、和子都 _____ 北京语言大学学习，她们是好朋友，_____ 姐姐和妹妹 _____。上星期我 _____ 她们 _____ 去北海公园玩儿。我 _____ 她们照相，照了很多，都照 _____ 很好。那天我们玩儿 _____ 很愉快。

5. 谈谈你的一天（用上带"得"的状态补语） Расскажите о вашем расписании дня, употребляя дополнение состояния с《得》

提示：（1）你什么时候起床？什么时候去教室？什么时候睡觉？早还是晚？

（2）在这儿学汉语，你学得怎么样？生活得愉快不愉快？

Содержание: (1) Когда вы встаёте? Когда вы идёте в аудиторию?

Когда вы ложитесь спать? Рано или поздно?

(2) Как вам даётся китайский язык?

Как вы думаете, жизнь в Китае интересная или нет?

6. 听后复述 Прослушайте и перескажите

昨天我和几个小朋友（xiǎopéngyǒu, ребята）去划船了。孩子们（men, суффикс множественного числа личных местоимений и собирательный суффикс существительных, обычно обозначающих людей или персонифицированных）很喜欢划船，他们划得很好。我坐在船上高兴极了，也像孩子一样玩儿。这一天过得真有意思！

7. 语音练习 Упражнения по фонетике

(1) 读下列词语：第四声 + 第二声　Прочитайте следующие слова

bù lái	（不来）	liànxí	（练习）
qùnián	（去年）	fùxí	（复习）
rìchéng	（日程）	wèntí	（问题）
xìngmíng	（姓名）	gào bié	（告别）
sòng xíng	（送行）	kètáng	（课堂）

(2) 常用音节练习　Прочитайте следующие слоги

复习（四）
Повторение (IV)

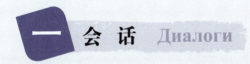

1

〔约翰（Yuēhàn, Джон, Иоанн）的中国朋友今天从北京来，约翰到机场去接他〕

约翰：啊，小王，路上辛苦了！

王：不辛苦。谢谢你来接我。

约翰：别客气。收到你的电子邮件，知道你要来旧金山（Jiùjīnshān, Сан-Франциско），我高兴极了。

王：我很高兴能见到（jiàndào, видеть）老（lǎo, старый）朋友。刘小华（Liú Xiǎohuá, Лю Сяохуа, имя парня）、珍妮（Zhēnnī, Дженни）他们都好吗？

约翰：都很好。他们很忙，今天没时间来接你。

王：我们都是老朋友了，不用客气。

约翰：为了欢迎你来，星期六我们请你在中国饭店吃饭。

王：谢谢！给你们添（tiān, доставлять）麻烦了。

〔在中国饭店〕

珍妮：小王怎么还没来？

刘：还没到时间。

珍妮：他第一次来旧金山，能找到这儿吗？

约翰：这个饭店很有名，能找到。

刘：啊，你们看，小王来了！

约翰：小王，快来！这儿坐。

珍妮：三年没见（jiàn, видеться），你跟以前一样。

王：是吗？

珍妮：这是菜单（càidān, меню）。小王，你想吃什么？

约翰：我知道，他喜欢吃糖醋鱼（tángcùyú, рыба в кисло–сладком соусе），还有……

王：你们太客气了，我真不好意思。

刘：我们先喝酒吧。

约翰：来，为我们的友谊干杯！

珍妮、刘、王：干杯！

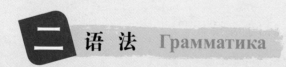

（一）句子的四种类型　Четыре типа предложения

根据谓语主要成分的不同，可以把句子分为四种类型。

Предложения делятся на четыре типа в зависимости от типа сказуемого

1. **名词谓语句** Предложение с именным сказуемым

由名词或名词结构、数量词等直接作谓语的句子叫名词谓语句。例如：

В таком предложении сказуемым служит существительное (существительное словосочетание) или словосочетание числительного со счётным словом. Например:

① 今天星期六。　　② 他今年二十岁。
③ 现在两点钟。　　④ 这本书二十八块五。

2. **动词谓语句** Предложение с глагольным сказуемым

谓语的主要成分是动词的句子叫动词谓语句。例如：

В таком предложении сказуемым служит глагол или глагольное словосочетание. Например:

① 我写汉字。　　② 他想学习汉语。
③ 他来中国旅行。　　④ 玛丽和大卫去看电影。

3. **形容词谓语句** Предложение с прилагательным сказуемым

形容词谓语句用来对人或事物的状态加以描写，有时也说明事物的变化。例如：

В таком предложении сказуемым служит прилагательное. Обычно оно описывает состояние или указывает на изменения состояния. Например:

① 天气热了。　　② 张老师很忙。
③ 这本汉语书很便宜。

4. **主谓谓语句** Предложение с подлежащно–сказуемной конструкцией в качестве сказуемого

主谓谓语句中的谓语本身也是一个主谓短语，主要用来说明或者描写主语。例如：

В таком предложение сказуемым служит подлежащно–сказуемное словосочетание, которое объясняет или описывает подлежащее целого предложения. Например:

① 我爸爸身体很好。　　② 他工作很忙。
③ 今天天气很不错。

（二）提问的六种方法　Шесть видов вопросов

1. 用"吗"的疑问句　Вопрос со словом 《吗》

这是最常用的提问方法，对可能的回答不作预先估计。例如：
Это самый распространённый вопрос, ответ на который не заранее предположен. Например:

① 你是学生吗？　　　② 你喜欢看中国电影吗？
③ 你喝咖啡吗？

2. 正反疑问句　Утвердительно–отрицательный вопрос

这种疑问句用并列肯定形式和否定形式提问。例如：
Это вопросительное предложение, в котором утвердительная форма глагола стоит рядом с его отрицательной формой. Например:

① 你认识不认识他？　　② 你们学校大不大？
③ 你有没有弟弟？　　　④ 明天你去不去长城？

3. 用疑问代词的疑问句　Специальный вопрос (вопрос с вопросительным местоимением)

用"谁""什么""哪""哪儿""怎么样""多少""几"等疑问代词提问。例如：
Это вопросительное предложение, в которое употребляется вопросительное местоимение как 《谁》《什么》《哪》《哪儿》《怎么样》《多少》или《几》и т. п. Например:

① 谁是你们的老师？　　② 哪本书是你的？
③ 他身体怎么样？　　　④ 今天星期几？

4. 用"还是"的选择疑问句　Альтернативный вопрос со словом 《还是》

当提问人估计到有两种答案的时候，就用"还是"构成选择疑问句来提问。例如：
Такой вопрос предоставляет возможность сделать выбор между двумя или более вариантами ответа. Например:

① 你上午去还是下午去？　② 他是美国人还是法国人？
③ 你去看电影还是去看京剧？

5. 用"呢"的省略式疑问句　Сокращённый вопрос со словом《呢》

① 我很好，你呢？　　　② 大卫看电视，玛丽呢？

6. 用"……，好吗？"提问　Вопрос с конструкцией《……，好吗？》

这种句子常常用于提出建议，征求对方意见。例如：

Такое предложение обычно употребляется для совета или выяснения мнения собеседника. Например:

我们明天去，好吗？

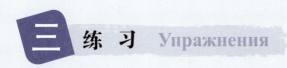

1. 回答问题　Ответьте на вопросы

（1）用带简单趋向补语的句子回答问题　Употребите простое дополнение направления

① 你带来词典了吗？

② 你妈妈寄来快递了吗？

③ 昨天下午你出去了吗？

④ 他买来橘子了吗？

（2）按照实际情况回答问题　Ответьте на вопросы по реальной ситуации

① 你是从哪儿来中国的？怎么来的？

② 你在哪儿上课？你骑自行车去上课吗？

③ 你常常看电影还是常常看电视？

④ 你们学校中国学生多还是外国留学生多？

⑤ 你去过长城吗？你玩儿得高兴不高兴？你照相了吗？照得怎么样？

2. 用下面的句子练习会话　Составьте диалоги, употребляя приведенные словосочетания или предложения

(1) 感谢　Благодарность

> 谢谢！
> 感谢你……
> 麻烦你了！

(2) 迎接　Встреча

> 欢迎您！
> 路上辛苦了。
> 路上顺利吗？
> 什么时候到的？

(3) 招待　Приём

> 你喜欢什么酒？　　　很好吃。
> 别客气，多吃点儿。　不吃（喝）了。
> 为……干杯！　　　　吃饱了。

3. 语音练习　Упражнения по фонетике

(1) 声调练习：第四声+第四声　Упражнение по тонам

　　shàng kè　（上课）

　　zài jiàoshì shàng kè　（在教室上课）

　　xiànzài zài jiàoshì shàng kè　（现在在教室上课）

　　bì yè　（毕业）

　　xià ge yuè bì yè　（下个月毕业）

　　dàgài xià ge yuè bì yè　（大概下个月毕业）

(2) 朗读会话　Прочитайте диалог

　　A: Wǒ zuì xǐhuan dàxióngmāo.

　　B: Wǒ yě xǐhuan dàxióngmāo.

　　A: Wǒmen qù dòngwùyuán ba.

　　B: Hǎojí le! Xiàwǔ jiù qù.

阅读短文 Прочитайте текст

阿里（Ālǐ, имя парня）：

你好！听说你要去北京语言大学学习了，我很高兴。我给你介绍一下儿那个学校。

语言大学不太大，有很多留学生，也有中国学生。留学生学习汉语，中国学生学习外语（wàiyǔ, иностранный язык）。

学校里有很多楼。你可以住在留学生宿舍。留学生食堂就在宿舍楼旁边。他们做的饭菜还不错。

学校里有个小银行，那儿可以换钱、存钱（cún qián, класть деньги в банк），很方便。

离学校不远有个商店，那儿东西很多，也很便宜。我在语言大学的时候，常去那儿买东西。

你知道吗？娜依（Nàyī, Наи, имя девушки）就在北京大学学习。北大离语言大学很近。你有时间可以去那儿找她。

娜依的哥哥毕业了。他上个月从英国回来，现在还没找到工作呢。他问你好。

好，不多写了。等你回信。

祝（zhù, желать）你愉快！

你的朋友莎菲（Shāfēi, Софья）

2021 年 5 月 18 日

词汇表 Лексика (Алфавитный словарь)

	A		
啊	a	助	17
哎呀	āiyā	叹	15
爱人	àiren	名	7

	B		
八	bā	数	2
爸爸	bàba	名	1
吧	ba	助	8
百	bǎi	数	14
半	bàn	数	8
帮	bāng	动	15
饱	bǎo	形	20
北边	běibian	名	10
笔	bǐ	名	13
毕业	bì yè		18
别	bié	副	19
别的	bié de		11
不	bù	副	3
不错	búcuò	形	15
不好意思	bù hǎoyìsi		19
不用	búyòng	副	19

	C		
菜	cài	名	16
操场	cāochǎng	名	10
层	céng	量	9
茶	chá	名	16
差	chà	动	8
长	cháng	形	12
尝	cháng	动	11
常（常）	cháng (cháng)	副	9
超市	chāoshì	名	5
车	chē	名	10
吃	chī	动	8
出去	chūqu		17
出租车	chūzūchē	名	18
穿	chuān	动	12
船	chuán	名	17
床	chuáng	名	8
词典	cídiǎn	名	16
次	cì	量	19
从	cóng	介	18

D

打	dǎ	动	8
打	dǎ	动	15
打车	dǎ chē		19
大	dà	形	12
大概	dàgài	副	18
大家	dàjiā	代	20
大熊猫	dàxióngmāo	名	17
大学	dàxué	名	5
大夫	dàifu	名	4
带	dài	动	13
当然	dāngrán	副	16
到	dào	动	13
到	dào	动	15
得	de	助	20
的	de	助	5
等	děng	动	14
地方	dìfang	名	10
地铁	dìtiě	名	13
弟弟	dìdi	名	3
第	dì		19
点	diǎn	量	8
电	diàn	名	15
电话	diànhuà	名	14
电脑	diànnǎo	名	7
电视	diànshì	名	6
电影	diànyǐng	名	6
电子邮件	diànzǐ yóujiàn		11
东边	dōngbian	名	10
东西	dōngxi	名	6
懂	dǒng	动	13
动物园	dòngwùyuán	名	17
都	dōu	副	1
短	duǎn	形	12
对	duì	形/介/动	9
多	duō	形	11
多少	duōshao	代	9

E

俄语	Éyǔ	名	13
二	èr	数	2

F

发	fā	动	11
法语	Fǎyǔ	名	13
翻译	fānyì	名/动	19
饭	fàn	名	8
饭店	fàndiàn	名	14
房间	fángjiān	名	9
飞机	fēijī	名	18

费	fèi	名/动	15
分	fēn	量	8
分钟	fēnzhōng	名	19
服务员	fúwùyuán	名	18
付	fù	动	11

G

干净	gānjìng	形	20
感谢	gǎnxiè	动	18
高兴	gāoxìng	形	4
告诉	gàosu	动	16
哥哥	gēge	名	3
个	gè	量	4
跟	gēn	介	17
工作	gōngzuò	动/名	3
公交车	gōngjiāochē	名	10
公司	gōngsī	名	7
公园	gōngyuán	名	9
关机	guān jī		15
贵	guì	形	11
贵姓	guìxìng	名	4
过	guò	动	20
过	guo	助	16

H

还	hái	副	11
还是	háishi	连	17
孩子	háizi	名	7
韩语	Hányǔ	名	7
汉语	Hànyǔ	名	7
好	hǎo	形	1
好吃	hǎochī	形	12
好看	hǎokàn	形	15
号	hào	量	9
号	hào	名	13
号（日）	hào (rì)	量	2
号码	hàomǎ	名	14
喝	hē	动	11
和	hé	连	7
很	hěn	副	1
护士	hùshi	名	7
花	huā	动	14
花（儿）	huā (r)	名	8
划	huá	动	17
欢迎	huānyíng	动	9
换	huàn	动	13
回	huí	动	5
会	huì	能愿/动	13
火车	huǒchē	名	18

J

机场	jīchǎng	名	17
……极了	……jí le		12
几	jǐ	代	6
寄	jì	动	19
家	jiā	名	5
价钱	jiàqian	名	16
件	jiàn	量	12
健康	jiànkāng	形	20
交	jiāo	动	15
饺子	jiǎozi	名	20
叫	jiào	动	4
教室	jiàoshì	名	5
接	jiē	动	17
结婚	jié hūn		7
姐姐	jiějie	名	3
介绍	jièshào	动	5
斤	jīn	量	11
今年	jīnnián	名	3
今天	jīntiān	名	2
进	jìn	动	5
近	jìn	形	10
京剧	jīngjù	名	16
经理	jīnglǐ	名	19
九	jiǔ	数	2
酒	jiǔ	名	16
酒吧	jiǔbā	名	5
就	jiù	副	10
橘子	júzi	名	11
句	jù	量	19

K

咖啡	kāfēi	名	18
卡	kǎ	名	13
开	kāi	动	18
看	kàn	动	5
考试	kǎo shì		17
烤鸭	kǎoyā	名	16
可以	kěyǐ	能愿	12
刻	kè	量	8
客气	kèqi	形	19
口	kǒu	量	7
块（元）	kuài (yuán)	量	11
快	kuài	形	14
快递	kuàidì	名	16

L

来	lái	动	1
老师	lǎoshī	名	2
了	le	助	7

累	lèi	形	3		贸易	màoyì	名	18
冷	lěng	形	12		没有	méiyǒu	动	7
离	lí	动	10		美元	měiyuán	名	14
礼物	lǐwù	名	19		妹妹	mèimei	名	3
里	li	名	14		名菜	míng cài		16
练习	liànxí	名/动	16		名字	míngzi	名	4
两	liǎng	数	7		明年	míngnián	名	3
辆	liàng	量	20		明天	míngtiān	名	3
○（零）	líng	数	3		**N**			
留学生	liúxuéshēng	名	4		拿	ná	动	15
六	liù	数	2		哪儿	nǎr	代	5
楼	lóu	名	9		那	nà	代	4
录音	lùyīn	名	11		那儿	nàr	代	10
路	lù	名	13		南边	nánbian	名	10
路	lù	名	9		呢	ne	助	3
M					能	néng	能愿	14
妈妈	māma	名	1		你	nǐ	代	1
麻烦	máfan	动/形/名	19		你好	nǐ hǎo		1
吗	ma	助	1		你们	nǐmen	代	1
买	mǎi	动	6		年	nián	名	3
慢	màn	形	19		念	niàn	动	14
忙	máng	形	3		您	nín	代	2
毛（角）	máo (jiǎo)	量	11		**P**			
毛衣	máoyī	名	12		旁边	pángbiān	名	9

朋友	péngyou	名	4		日语	Rìyǔ	名	7
啤酒	píjiǔ	名	18		**S**			
便宜	piányi	形	11		三	sān	数	2
苹果	píngguǒ	名	11		商店	shāngdiàn	名	5
瓶	píng	名	11		上	shàng	名	17
Q					上课	shàng kè		7
七	qī	数	2		上网	shàng wǎng		7
骑	qí	动	17		上午	shàngwǔ	名	6
起	qǐ	动	8		少	shǎo	形	12
起飞	qǐfēi	动	18		谁	shéi / shuí	代	5
签	qiān	动	14		身体	shēntǐ	名	2
前	qián	名	10		什么	shénme	代	4
前边	qiánbian	名	10		生词	shēngcí	名	12
钱	qián	名	11		生活	shēnghuó	动/名	20
钱包	qiánbāo	名	13		生日	shēngrì	名	6
请	qǐng	动	5		十	shí	数	2
请问	qǐngwèn	动	10		时候	shíhou	名	8
去	qù	动	5		时间	shíjiān	名	14
去年	qùnián	名	17		食堂	shítáng	名	8
R					事	shì	名	16
热	rè	形	19		试	shì	动	12
人	rén	名	4		是	shì	动	4
人民币	rénmínbì	名	14		收	shōu	动	16
认识	rènshi	动	4		手机	shǒujī	名	7

售货员	shòuhuòyuán	名	11		听	tīng	动	5
书	shū	名	6		听说	tīngshuō	动	14
书店	shūdiàn	名	6		通	tōng	动	15
数	shǔ	动	14		投币	tóu bì		13
数	shù	名	14		**W**			
刷	shuā	动	13		外边	wàibian	名	19
水	shuǐ	名	8		外卖	wàimài	名	12
睡	shuì	动	20		完	wán	动	15
睡觉	shuì jiào		8		玩儿	wánr	动	9
顺利	shùnlì	形	19		晚	wǎn	形	20
说	shuō	动	13		晚点	wǎn diǎn		18
四	sì	数	2		晚饭	wǎnfàn	名	8
送	sòng	动	19		晚上	wǎnshang	名	6
宿舍	sùshè	名	5		网	wǎng	名	7
岁	suì	量	6		网球	wǎngqiú	名	8
T					往	wǎng	介/动	10
他	tā	代	1		微信	wēixìn	名	6
他们	tāmen	代	1		为……	wèi……		20
她	tā	代	1		干杯	gān bēi		
太	tài	副	3		为什么	wèi shénme		18
天	tiān	名	12		问	wèn	动	9
天气	tiānqì	名	17		我	wǒ	代	1
挑	tiāo	动	15		我们	wǒmen	代	1
条	tiáo	量	17		五	wǔ	数	2

午饭	wǔfàn	名	8		休息	xiūxi	动	5
X					学	xué	动	17
西边	xībian	名	10		学生	xuésheng	名	4
洗	xǐ	动	20		学习	xuéxí	动	7
喜欢	xǐhuan	动	20		学校	xuéxiào	名	9
下	xià	名	17		**Y**			
下课	xià kè		7		演	yǎn	动	16
下午	xiàwǔ	名	6		要……了	yào……le		18
先	xiān	副	18		也	yě	副	1
先生	xiānsheng	名	19		一	yī	数	2
鲜花儿	xiānhuār	名	15		一点儿	yìdiǎnr	数量	13
现在	xiànzài	名	8		一会儿	yíhuìr	数量	18
线	xiàn	名	13		一起	yìqǐ	副	9
想	xiǎng	动/能愿	12		一下儿	yíxiàr	数量	5
像	xiàng	动	20		一样	yíyàng	形	20
小	xiǎo	形	12		衣服	yīfu	名	12
谢谢	xièxie	动	2		以后	yǐhòu	名	16
辛苦	xīnkǔ	形	18		以前	yǐqián	名	19
新	xīn	形	15		音乐	yīnyuè	名	6
星期	xīngqī	名	6		银行	yínháng	名	7
星期天（星期日）	xīngqītiān (xīngqīrì)	名	6		饮料	yǐnliào	名	18
					英语	Yīngyǔ	名	7
行	xíng	动/形	16		应该	yīnggāi	能愿	16
姓	xìng	动/名	4		营业员	yíngyèyuán	名	14

邮局	yóujú	名	9		这	zhè	代	4
友谊	yǒuyì	名	20		这儿	zhèr	代	10
有	yǒu	动	7		这样	zhèyàng	代	14
有意思	yǒu yìsi		16		真	zhēn	形/副	15
鱼	yú	名	20		知道	zhīdao	动	9
愉快	yúkuài	形	20		职员	zhíyuán	名	7
远	yuǎn	形	10		种	zhǒng	量	11
月	yuè	名	3		住	zhù	动	9

Z

杂技	zájì	名	16		自行车	zìxíngchē	名	17
再	zài	副	12		走	zǒu	动	10
再见	zàijiàn	动	2		最	zuì	副	17
在	zài	动/介	5		昨天	zuótiān	名	6
早	zǎo	形	2		坐	zuò	动	10
早饭	zǎofàn	名	8		做	zuò	动	6
早上	zǎoshang	名	8					
怎么	zěnme	代	10					
怎么样	zěnmeyàng	代	12					
站	zhàn	名	13					
找	zhǎo	动	9					
照	zhào	动	15					
照片	zhàopiàn	名	20					
照相	zhào xiàng		15					
照相机	zhàoxiàngjī	名	15					

专名　Имена собственные

百货大楼	Bǎihuò Dàlóu	10
北京	Běijīng	9
北京大学	Běijīng Dàxué	5
北京饭店	Běijīng Fàndiàn	9
北京语言大学	Běijīng Yǔyán Dàxué	7
长城	Chángchéng	8
大卫	Dàwèi	1
东京	Dōngjīng	15
法国	Fǎguó	13
韩国	Hánguó	13
（可口）可乐	(Kěkǒu-) kělè	11
李	Lǐ	2
刘京	Liú Jīng	1
玛丽	Mǎlì	1
美国	Měiguó	4
清华大学	Qīnghuá Dàxué	9
人民剧场	Rénmín Jùchǎng	16
日本	Rìběn	13
山下和子	Shānxià Hézǐ	5
上海	Shànghǎi	9
天安门	Tiān'ānmén	10
王	Wáng	2
王府井	Wángfǔjǐng	10
王兰	Wáng Lán	1
王林	Wáng Lín	5
西单	Xīdān	13
小英	Xiǎoyīng	5
学院路	Xuéyuàn Lù	9
英国	Yīngguó	13
张	Zhāng	2
张丽英	Zhāng Lìyīng	6

俄文注释本
С параллельным русским переводом

第四版
4-е издание

汉语会话 301 句 练习册
上册

301 фраза: разговорный китайский язык (рабочая тетрадь)

Часть 1

康玉华　来思平　编著
Авторы: Кан Юйхуа и Лай Сыпин

前　言

　　本书是为《汉语会话301句》课本编写的练习册，分上、下两册，各二十课。上册每课后附有汉字笔顺表。每册后附练习参考答案，并有一份试卷，供学习者自测。

　　本练习册既适用于自学，也可用于教师课堂教学或作为学生的家庭作业。

　　本练习册集中选用了教学实践中多种行之有效的操练方法，并结合多样的测试形式，多角度地进行全面操练，纠正初学者易出现的错误。从词语的搭配，到不同语境中语言结构的变换以及阅读理解等方面，促使学习者逐渐横向扩展语言的运用范围，引导他们提高理解和应用汉语的能力。

　　希望通过这样的练习，能帮助初学者较快地、全面牢固地掌握基础汉语，并为进一步提高汉语水平打下坚实的基础。

编者

2021 年 4 月

目 录

01	问候（1）	你好	1
02	问候（2）	你身体好吗	5
03	问候（3）	你工作忙吗	11
04	相识（1）	您贵姓	16
05	相识（2）	我介绍一下儿	22
06	询问（1）	你的生日是几月几号	28
07	询问（2）	你家有几口人	34
08	询问（3）	现在几点	41
09	询问（4）	你住在哪儿	47
10	询问（5）	邮局在哪儿	53
11	需要（1）	我要买橘子	59
12	需要（2）	我想买毛衣	67
13	需要（3）	要换车	73
14	需要（4）	我要去换钱	80
15	需要（5）	我要照张相	86
16	相约（1）	你看过京剧吗	92
17	相约（2）	去动物园	100

18	迎接（1）	路上辛苦了	106
19	迎接（2）	欢迎你	112
20	招待	为我们的友谊干杯	118

测验（01—20课） ·· 125

参考答案 ··· 130

问候（1）

01 你好

Здравствуйте

一 把下面的三组声母补充完整　Допишите следующие инициали

1. b _____　_____　_____
2. d _____　_____　_____
3. g _____　_____

二 选择正确的读音，在括号内画"√"　Выберите правильное произношение (пиньинь) и поставьте √ в соответствующие скобки

1. 我们　A. wǒmen（　）　　2. 他们　A. tǎmen（　）
　　　　B. wòmen（　）　　　　　　B. tāmen（　）

3. 都　　A. dǒu（　）　　　4. 来　　A. lán（　）
　　　　B. dōu（　）　　　　　　　B. lái（　）

5. 妈妈　A. māma（　）　　6. 爸爸　A. bǎba（　）
　　　　B. mǎma（　）　　　　　　B. bàba（　）

三 找出三声变为二声的音节，在音节下画"___"　Подчеркните слоги, в которых третий тон изменился на второй

1. nǐ hǎo　　2. lǎolao　　3. gǎnmào　　4. lǎohǔ
5. dàmǐ　　6. wǒ lái　　7. wǔdǎo　　8. bǎnběn

四 找出变为半三声的音节，在音节下画"___"　Подчеркните слоги с неполным третьим тоном

1. nǐmen　　2. bǎoliú　　3. fǎlǜ　　4. mǎhu
5. niúnǎi　　6. dānbǎo　　7. měicān　　8. mángguǒ

五 给下面的词语注音   Запишите транскрипцией пиньинь следующие слова

1. 好_____   2. 吗_____   3. 也_____   4. 都_____

5. 来_____   6. 她_____   7. 我们_____   8. 你们_____

六 完成对话   Дополните следующие диалоги

1. A：_____！
   B：你好！

2. A：你的爸爸_____？
   B：他来。

3. A：你的妈妈_____？
   B：她很好。

4. A：你爸爸妈妈_____？
   B：他们都很好。

七 根据拼音写汉字   Запишите иероглифы согласно транскрипции пиньинь

1. bàba _____   2. māma _____

3. dōu _____   4. lái _____

5. tāmen _____   6. yě _____

7. wǒ _____   8. ma _____

八 写出含有偏旁"也"的两个汉字并注音   Напишите два китайских иероглифа с радикалом "也" и запишите их транскрипцией пиньинь

1. _____（   ）   2. _____（   ）

01 你好

九 交际练习　Упражнение на общение

你遇见（yùjiàn，встречаться）大卫，问候（wènhòu，здороваться）他。
Вы встречаетесь с Давидом и здороваетесь с ним.

汉字笔顺表

❽ 好 hǎo 女 + 子

❾ 很 hěn 彳 + 艮

❿ 来 lái

⓫ 我 wǒ

⓬ 都 dōu 者（耂+日）+ 阝

⓭ 爸 bà 父 + 巴

问候（2）

02 你身体好吗

Как твое здоровье

一 把下面的三组声母补充完整　Допишите следующие инициали

1. j _____
2. z _____
3. zh _____

二 找出加写或改写为"y""w"的音节，在音节下画"＿＿＿"　Подчеркните слоги с добавленными "y" "w" или измененными на "y" "w" инициалами

1. yě　　　2. nǐmen　　　3. wǔ ge　　　4. shēntǐ　　　5. tiào wǔ

6. yìqǐ　　7. zàijiàn　　　8. fěnbǐ　　　9. wūyā　　　10. yǒuyì

三 选择正确的读音　Выберите правильное произношение (пиньинь)

例：　来（③）　① léi　② lài　③ lái　④ lèi

( ) 1. 五　　① ú　　　② wú　　　③ wù　　　④ wǔ

( ) 2. 八　　① bā　　② pā　　　③ bà　　　④ pá

( ) 3. 九　　① jiù　　② jí　　　③ qiǔ　　　④ jiǔ

( ) 4. 早　　① zāo　② zǎo　　③ zuò　　　④ zào

( ) 5. 身体　① shěn tí　② shēntǐ　③ shì nǐ　④ shěntì

( ) 6. 谢谢　① xiéxie　② xiēxie　③ xièxie　④ xièxiè

( ) 7. 再见　① sàijiàn　② zāijiàn　③ zàijiǎn　④ zàijiàn

( ) 8. 老师　① lǎoshī　② lǎo sǐ　③ làoshī　④ láoshí

四 给下面的词语注音　Запишите транскрипцией пиньинь следующие слова

1. 四_____　　2. 十_____　　3. 五_____　　4. 六_____

5. 九_____　　6. 您_____　　7. 今天_____　　8. 号_____

五 完成对话　Дополните следующие диалоги

1. A、B：_____！（早）

　　老师：_____！

　　A：_____？（身体）

　　老师：_____，_____！（很　谢谢）

　　_____？（你们　好）

　　A、B：_____。（都）

2. A：王兰，_____！

　　B：你好！

　　A：你妈妈_____？

　　B：她身体_____。（很）

　　A：今天她_____？

　　B：她来。

　　A：你爸爸_____？（也）

　　B：来，他们今天_____。（都）

六 组词成句　Составьте предложения с приведенными словами

例：　很　好　我 → 我很好。

1. 身体　我　好　很

→ _____

6

2. 今天　爸爸　来　妈妈　都

   → _____

3. 身体　他们　吗　好　都

   → _____

4. 您　老师　早

   → _____

七 根据拼音写汉字　Запишите иероглифы согласно транскрипции пиньинь

1. Lǎoshī, nín hǎo! _____

2. Xièxie nǐmen! _____

3. Shēntǐ hěn hǎo. _____

4. Bàba、māma zàijiàn! _____

八 写出含有偏旁"亻"的汉字　Напишите китайские иероглифы с радикалом "亻"

	nǐ	nǐmen	tā	tǐ
	1. ____好	2. _____	3. ____来	4. 身____

九 交际练习　Упражнение на общение

你第一次见老师，询问老师的姓名和身体情况（qíngkuàng,
состояние）。

Вы первый раз встречаетесь с преподавателем. Спросите у него имя,
фамилию и состояние здоровья.

汉字笔顺表

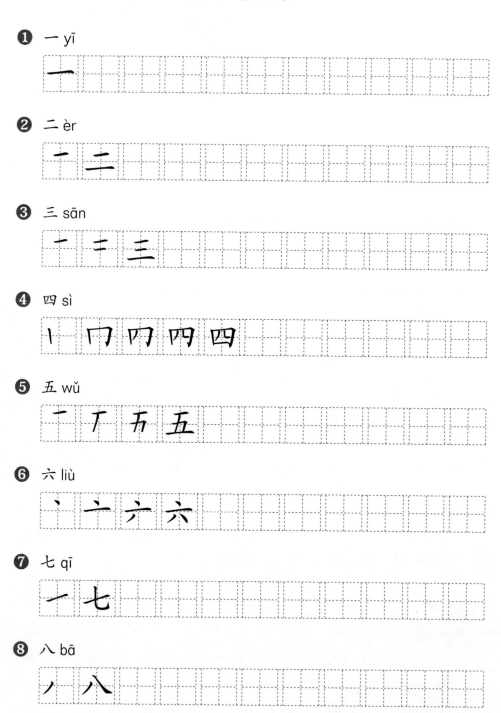

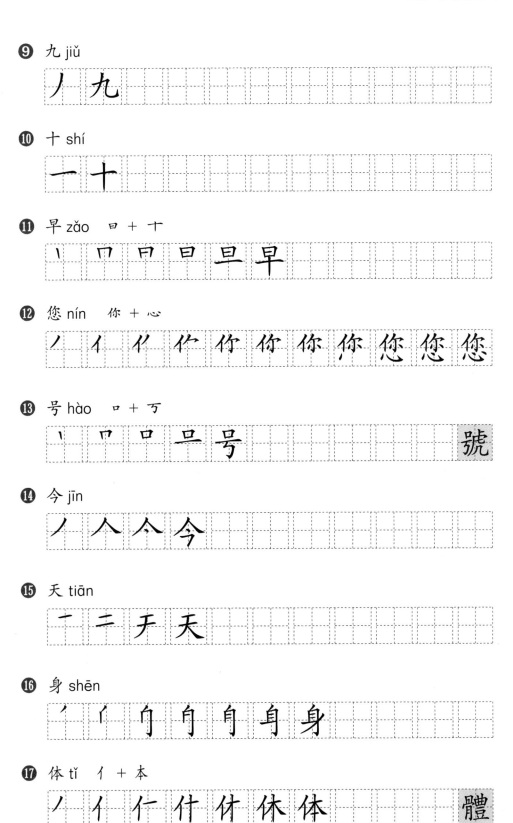

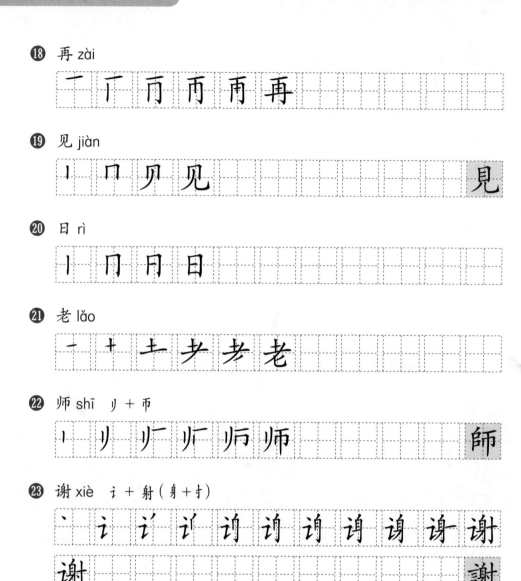

问候（3）

03 你工作忙吗
У тебя много работы

一 把下面的六组声母补充完整　Допишите следующие инициали

1. b _____   2. d _____
3. g _____   4. j _____
5. z _____   6. zh _____

二 找出有"ü"的音节，在音节下画"＿＿"　Подчеркните слоги с "ü"

1. yuànzi   2. nǔlì   3. xiǎoyǔ   4. jùzi
5. chūfā   6. xuéxí   7. yīnyuè   8. túshū
9. qǔzi   10. juédìng 11. lùdēng   12. dìqū

三 在"不"和"一"的上边标上声调　Поставьте знаки тона над "不" и "一"

不
1. 不好   2. 不来   3. 不累
4. 不太忙 5. 不是（shì） 6. 不高（gāo）
7. 不谢   8. 不太累

一
1. 一起（qǐ）   2. 一天（tiān） 3. 一块（kuài）
4. 一毛（máo） 5. 一早（zǎo） 6. 一般（bān）
7. 一年（nián） 8. 一会儿（huìr）

四 给下面的词语注音　Запишите транскрипцией пиньинь следующие слова

1. 哥哥_____　　弟弟_____　　姐姐_____　　妹妹_____

2. 年 _____　　月 _____　　日 _____　　号 _____

3. 今天_____　　明天_____　　今年_____　　明年_____

五 完成对话　Дополните следующие диалоги

1. A：我_____，_____？（呢）

   B：我身体也很好，谢谢！

2. A：今天10月31号吗？

   B：不，_____。（11.1）

3. A：明年你哥哥来，你_____？（呢）

   B：我妹妹工作很忙，她不来。

4. A：明天你爸爸妈妈来吗？

   B：我爸爸_____，我妈妈_____。（不）

5. A：我工作很忙，也很累，_____？

   B：我_____。（不 太）

六 给括号内的词找到适当的位置　Поставьте в нужное место слова в скобках

1. A 他们 B 身体 C 很好 D。　　　　　（都）

2. 哥哥 A 不工作，B 姐姐 C 不 D 工作。　（也）

3. A 他们 B 工作 C 很忙，D 很累。　　（也）

4. A 爸爸 B 妈妈 C 身体 D 好吗？　　（你）

03 你工作忙吗

七 根据拼音写汉字　Запишите иероглифы согласно транскрипции пиньинь

1. Wǒ gēge、dìdi míngnián dōu lái.
   _____

2. Tā bàbamāma shēntǐ bú tài hǎo.
   _____

八 写出含有偏旁"女"的汉字　Напишите китайские иероглифы с радикалом "女"

　　　　hǎo　　　　tā　　　　māma　　　　jiějie　　　　mèimei

1. 你____　2. ____来　3. _____　4. _____　5. _____

九 交际练习　Упражнение на общение

你问候朋友最近的工作情况。
Спросите у друга о его работе в ближайшее время.

汉字笔顺表

❶ 工 gōng

一 丁 工

❷ 作 zuò　亻 + 乍

丿 亻 仁 作 作 作 作

❸ 不 bù

❹ 太 tài

❺ 呢 ne 口 + 尼

❻ 忙 máng 忄 + 亡

❼ 月 yuè

❽ 明 míng 日 + 月

❾ 年 nián

❿ 累 lèi 田 + 系

⓫ 哥 gē 可 + 可

❶❷ 弟 dì

❶❸ 姐 jiě　女 + 且

❶❹ 妹 mè　女 + 未

❶❺ 零 líng　雨 + 令

相识（1）

04 您贵姓
Как ваша фамилия

一 给下面的词语注音 Запишите транскрипцией пиньинь следующие слова

1. 姓_____   2. 叫_____   3. 是_____

4. 不_____   5. 太_____   6. 高兴_____

7. 很_____   8. 都_____   9. 也_____

二 用上面的词语填空 Заполните пропуски с приведенными выше (в задание 1) словами

他_____大卫。他_____是老师，_____不是大夫，他_____学生。他_____美国人。他_____太忙，也_____太累。她_____张，她_____老师。她_____忙，_____很累。他们_____是我朋友。我认识他们很_____。

三 组词成句（有的词可以用两次） Составьте предложения с приведенными словами (некоторые из них можно употреблять два раза)

1. 是　他　弟弟　大夫

_____

2. 叫　他　名字　什么

_____

3. 身体　妹妹　我　好　很

_____

4. 不　老师　学生　我　是

　　_____

四 完成对话　Дополните следующие диалоги

1. A：_____？（姐姐）

   B：她叫兰兰（Lánlan）。

   A：她_____？（学生）

   B：她是学生。

2. A：_____？

   B：他姓王。

   A：_____？

   B：他不是老师，是大夫。

3. A：你_____？（弟弟）

   B：我认识你弟弟。_____？

   A：他今天不来，明天来。

4. A：_____？

   B：我不认识那个人。

   _____？（呢）

   A：我也不认识。

五 把下面的句子改成疑问句　Переделайте следующие предложения в вопросительные

1. 她叫王兰。→ _____

2. 我姓张。→ _____

3. 我不是美国人。→ _____

4. 他是美国留学生。→ _____

5. 我不认识那个学生。→ _____

6. 他很忙。→ _____

7. 她不是我朋友,是我妹妹。→ _____

8. 我不太累。→ _____

六 改错句 Исправьте ошибки там, где они есть

1. 他是累。→ _____

2. 她姓张老师。→ _____

3. 我是美国人留学生。→ _____

4. 他贵姓? → _____

5. 都三个人是学生。→ _____

七 根据拼音写汉字 Запишите иероглифы согласно транскрипции пиньинь

我_____（rènshi）大卫,他是_____（xuésheng）。认识他我_____（hěn）_____（gāoxìng）。他爸爸妈妈_____（shēntǐ）都很好,_____（gōngzuò）_____（yě）很忙。

八 写出含有偏旁"口"的汉字 Напишите китайские иероглифы с радикалом "口"

    ma   ne   jiào   míng

1. 好____   2. 你____   3. ____什么   4. ____字

04 您贵姓

九 交际练习 Упражнение на общение

你询问同学的姓名、身体、学习情况。
Спросите у товарища его имя и фамилию, а также о том, как его здоровье и учеба.

汉字笔顺表

❽ 友 yǒu ナ + 又

一 ナ 方 友

❾ 叫 jiào 口 + 丩

丨 口 口 叫 叫

❿ 认 rèn 讠 + 人

丶 讠 认 认 | 認

⓫ 识 shí 讠 + 只

丶 讠 讥 识 识 识 识 | 識

⓬ 高 gāo 亠 + 口 + 冋

丶 亠 古 古 占 咼 高 高 高

⓭ 兴 xìng ⺍ + 一 + 八

丶 ⺍ ⺍ 兴 兴 | 興

⓮ 学 xué ⺍ + 子

丶 ⺍ ⺍ ⺍ 兴 学 学 学 | 學

⓯ 生 shēng

丿 ⺁ 仁 牛 生

⓰ 姓 xìng 女 + 生

𡿨 女 女 如 如 妒 姓 姓

04 您贵姓

⑰ 名 míng 夕 + 口

⑱ 字 zì 宀 + 子

⑲ 这 zhè 辶 + 文

⑳ 那 nà 刂 + 阝

㉑ 是 shì 日 + 疋

㉒ 贵 guì 中 + 一 + 贝

㉓ 留 liú 勹 + 田

相识（2）

05 我介绍一下儿
Разрешите мне представить

一　给下面的词语注音　Запишите транскрипцией пиньинь следующие слова

1. 也 _____　　2. 是 _____　　3. 回 _____

4. 的 _____　　5. 在 _____　　6. 看 _____

7. 认识 _____　8. 介绍 _____　9. 一下儿 _____

二　用上面的词语填空　Заполните пропуски с приведенными выше (в задание 1) словами

你们都不_____她，我_____ _____。❶她姓林（Lín）。❷她_____我姐姐_____好朋友，_____ _____我_____朋友。她_____北京人。❸她爸爸妈妈_____家_____北京。❹她_____上海（Shànghǎi）工作。她_____大学老师，工作很忙，_____很累。今天是十月一日，都休息，❺她_____北京_____她爸爸妈妈，_____来_____我们。

三　用"什么、哪儿、谁"把上面带序号的句子改成疑问句　Переделайте предложения 1–5 выше (в задании 2) в вопросительные, употребляя "什么, 哪儿" или "谁"

1. _____

2. _____

3. _____

4. _____

5. _____

四 **完成对话** Дополните следующие диалоги

1. A：_____？

   B：我不去超市，我回宿舍。_____？（哪儿）

   A：我去朋友家。

2. A：_____？

   B：他不在大卫的宿舍。

   A：_____？

   B：他在教室。

3. A、B：我们去商店，_____？（吗）

   C：不去，我很累，想回家休息。

4. A：_____？（王兰）

   B：在。玛丽，请进！

   A：_____！

   B：不谢。

5. A：_____？（爸爸）

   B：他工作。

   A：_____？（也）

   B：不，她身体不太好，在家休息。

五 改错句   Исправьте ошибки там, где они есть

1. 我去家。→ _____

2. 谁是他？→ _____

3. 他不是北京的人。→ _____

4. 我不认识那个留学生美国的。→ _____

六 根据拼音写汉字   Запишите иероглифы согласно транскрипции пиньинь

1. zài sùshè _____   2. lái jiàoshì _____

3. qù shāngdiàn _____   4. qǐng jìn _____

5. zài jiā xiūxi _____

七 写出含有偏旁"讠"的汉字   Напишите китайские иероглифы с радикалом "讠"

    xièxie   rènshi   shéi   qǐng

1. _____   2. _____   3. 是_____   4. _____问

八 交际练习   Упражнение на общение

与同学们互相（hùxiāng，друг друга）介绍自己。
Вы и товарищи представляетесь друг другу.

汉字笔顺表

❶ 下 xià

一 丁 下

05 我介绍一下儿

❷ 儿 ér
丿 儿 　　　　　　　　　　　　　　　　　兒

❸ 回 huí 囗 + 口
丨 冂 冂 冋 回 回

❹ 介 jiè 人 + 丬
丿 人 介 介

❺ 绍 shào 纟 + 召
乙 纟 纟 纟 纫 织 绍 绍 　　　　　　　紹

❻ 去 qù
一 十 土 去 去

❼ 在 zài
一 ナ 才 在 在 在

❽ 听 tīng 口 + 斤
丨 口 口 口′ 听 听 听 　　　　　　　　聽

❾ 吧 ba 口 + 巴
丨 口 口 口′ 吧 吧 吧 吧

❿ 哪 nǎ 口 + 那 (月 + 阝)
丨 口 口 吖 吖 吖 哪 哪了 哪

⑪ 的 de 白 + 勺
丶 亻 白 白 白 的 的

⑫ 家 jiā 宀 + 豕
丶 丷 宀 宁 宁 宇 穷 家 家 家

⑬ 进 jìn 辶 + 井
一 二 ナ 井 讲 讲 进　　進

⑭ 休 xiū 亻 + 木
丿 亻 仁 什 休 休

⑮ 息 xī 自 + 心
丶 亻 白 白 自 自 息 息 息

⑯ 请 qǐng 讠 + 青
丶 讠 计 计 圹 请 请 请 请　　請

⑰ 谁 shéi 讠 + 隹
丶 讠 计 计 计 诈 诈 谁 谁　　誰

⑱ 看 kàn 手 + 目
一 二 三 手 看 看 看 看 看

⑲ 商 shāng
丶 亠 一 亠 产 产 商 商 商 商 商

⑳ 店 diàn 广 + 占

㉑ 宿 sù 宀 + 佰（亻+百）

㉒ 舍 shè 人 + 舌

㉓ 教 jiào 孝 + 攵

㉔ 室 shì 宀 + 至

㉕ 酒 jiǔ 氵 + 酉

㉖ 超 chāo 走 + 召

㉗ 市 shì

询问（1）

06 你的生日是几月几号

Когда у тебя день рождения

一 给下面的词语注音，并根据1完成2、3题　Запишите транскрипцией пиньинь следующие слова и составьте предложения в 2 и 3 по образцу 1

1. 今天（2021年）9月25日（号）星期日。

   _____

2. 明天

   _____

3. 昨天

   _____

二 填空（把数字、日期写成汉字）　Заполните пропуски (запишите цифры и даты иероглифами)

❶今天_____（9.30）。❷今天_____我朋友_____生日。❸我朋友_____大卫。他_____美国留学生。他今年_____（20）岁。❹我们三_____人都_____大卫_____好朋友。❺今天下午我们_____去商店买东西。❻晚上_____去大卫_____宿舍_____他。

三 用"几、哪儿、谁、什么"把上面带序号的句子改成疑问句

Переделайте предложения 1—6 выше (в задании 2) в вопросительные, употребляя "几, 哪儿, 谁, 什么"

1. _____

06 你的生日是几月几号

2. _____

3. _____

4. _____

5. _____

6. _____

四 **完成对话** Дополните следующие диалоги

1. A：_____？（明天晚上）

   B：我看书，_____？（呢）

   A：在家听音乐。

2. A：今天晚上我去酒吧，_____？（什么）

   B：看电视。

3. A：明天下午我们去买东西，_____？

   B：我不去，我朋友来看我。

4. A：这个星期你去王兰家吗？

   B：我不去，_____。（忙）

五 **改错句** Исправьте ошибки там, где они есть

1. 2020年25号3月我在北京工作。

   → _____

2. 明天十一点上午他们超市买东西。

   → _____

3. 他这个星期六十二号来我家玩儿。

　　→ _____

4. 我在宿舍昨天下午休息。

　　→ _____

5. 他看书在家昨天晚上。

　　→ _____

六 **根据拼音写汉字** Запишите иероглифы согласно транскрипции пиньинь

1. qù chāoshì mǎi dōngxi _____

2. zài sùshè tīng yīnyuè _____

3. xīngqītiān xiūxi _____

4. wǎnshang kàn diànshì _____

七 **写出动词** Дополните словосочетания подходящими глаголами

1. ___书　　2. ___音乐　　3. ___东西　　4. ___家

5. ___微信　6. ___朋友　　7. ___电影　　8. ___商店

9. ___宿舍　10. ___什么　　11. ___书店　　12. ___酒吧

八 **写出带有偏旁"日"的汉字** Напишите китайские иероглифы с радикалом "日"

　　　míng　　　　zuó　　　　wǎn　　　　xīng

1. ___天　　2. ___天　　3. ___上　　4. ___期

　　　shì　　　　　yīn

5. ___他　　6. ___乐

06 你的生日是几月几号

九 交际练习 Упражнение на общение

说说今天、明天你的计划（jìhuà，план）。
Расскажите о вашем плане на сегодня и завтра.

> **你想想**
>
> "大"有两个读音，你能写出两个含有不同读音的"大"字的词吗？

汉字笔顺表

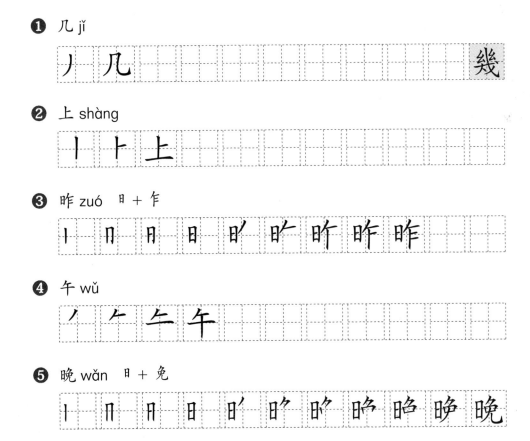

❶ 几 jǐ

❷ 上 shàng

❸ 昨 zuó 日 + 乍

❹ 午 wǔ

❺ 晚 wǎn 日 + 免

06 你的生日是几月几号

⑮ 西 xī

⑯ 星 xīng 日 + 生

⑰ 期 qī 其 + 月

⑱ 岁 suì 山 + 夕

⑲ 影 yǐng 景（日 + 京）+ 彡

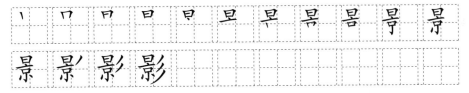

⑳ 微 wēi 彳 + 𡵂 + 攵

㉑ 店 diàn 广 + 占

询问（2）

07 你家有几口人

Сколько человек у вас в семье

一 给下面的词语注音   Запишите транскрипцией пиньинь следующие слова

1. 结婚_____   2. 职员_____   3. 银行_____

4. 孩子_____   5. 学习_____   6. 有 _____

7. 没 _____   8. 和 _____   9. 课 _____

二 用上面的词语填空   Заполните пропуски с приведенными выше (в задание 1) словами

❶尼娜（Nínà, Нина）家_____五口人，爸爸、妈妈、哥哥、姐姐_____她。❷她哥哥是_____，在_____工作。❸他_____了，❹有一个_____。❺她姐姐_____结婚，是大学生，在大学_____英语。❻尼娜也是大学生，她不学习英语，她_____汉语。她很忙。❼今天_____课。❽她去大学上_____。

三 把上面带序号的句子改成疑问句   Переделайте предложения 1—8 выше (в задании 2) в вопросительные

1. _____

2. _____

3. _____

4. _____

5. _____

6. _____

7. _____

8. _____

四 组词成句 Составьте предложения с приведенными словами

1. 在　我　宿舍　音乐　听

   _____

2. 休息　我　家　在

   _____

3. 教室　上　汉语　他们　课　在

   _____

4. 商店　东西　他　买　在

   _____

五 完成对话 Дополните следующие диалоги

1. A：下课了，你做什么？

   B：我_____。（回　休息）

2. A：_____？

B：我是老师，＿＿＿＿＿＿＿＿＿＿＿＿＿＿。（在）

3. A：＿＿＿＿＿＿＿＿＿＿＿＿？

   B：他们没结婚。

4. A：＿＿＿＿＿＿＿＿＿＿＿＿？

   B：我妹妹不工作，她是学生。

5. A：＿＿＿＿＿＿＿＿＿＿＿＿？

   B：我、爸爸、妈妈、一个姐姐和两个弟弟。

六 用"不"或"没"填空　Заполните пропуски с "不" или "没"

1. 她妈妈身体很＿＿＿＿＿＿好。

2. 他＿＿＿＿＿＿哥哥，也＿＿＿＿＿＿姐姐。

3. 他是学生，他＿＿＿＿＿＿工作。

4. 他＿＿＿＿＿＿在教室，在宿舍。

5. 他＿＿＿＿＿＿姓张，他姓王。

6. 我＿＿＿＿＿＿英语书。

7. 明天我＿＿＿＿＿＿去他家。

8. 昨天我＿＿＿＿＿＿买东西。

七 根据拼音写汉字　Запишите иероглифы согласно транскрипции пиньинь

1. Tāmen jīnnián èryuè jié hūn le.

   ＿＿＿＿＿＿＿＿＿＿＿＿＿＿＿＿＿＿＿

2. Tā yǒu liǎng ge háizi.

   ＿＿＿＿＿＿＿＿＿＿＿＿＿＿＿＿＿＿＿

3. Wǒ míngtiān qù chāoshì mǎi dōngxi.

   _____

八 写出含有偏旁"月"或"宀"的汉字　Напишите китайские иероглифы с радикалом "月" или "宀"

　　　　míng　　　　　péng　　　　　　nǎo　　　　　　jiā
1. ____天　　2. ____友　　3. 电____　　4. 我____

　　　　zì　　　　　　shì　　　　　　sù
5. 汉____　　6. 教____　　7. ____舍

九 交际练习　Упражнение на общение

请你介绍自己的家庭情况。
Расскажите о вашей семье.

你想想

"两个月"是一个什么字?

汉字笔顺表

❶ 口 kǒu

丨 冂 口

❷ 了 le

乛 了

③ 有 yǒu　ナ + 月

一ナ ナ冇 有 有

④ 没 méi　氵 + 殳

、丶 氵 氿 沕 没 没

⑤ 习 xí

⁊ ⁊ 习

⑥ 和 hé　禾 + 口

一 ⼆ 千 禾 禾 禾 和 和

⑦ 结 jié　纟 + 吉

⼂ 乡 纟 纠 纩 纩 结 结

⑧ 婚 hūn　女 + 昏

⼂ 女 女 奵 奵 奵 妖 妖 婚 婚 婚

⑨ 孩 hái　子 + 亥

⁊ 了 子 孑 孑 孩 孩 孩

⑩ 两 liǎng

一 丆 丙 两 两 两 两

⑪ 英 yīng　艹 + 央

一 ⼗ 艹 艹 艹 苎 英 英

⑫ 语 yǔ 讠 + 吾

丶 亠 讠 讠 讠 讠 讠 讠 讠 | 語

⑬ 汉 hàn 氵 + 又

丶 冫 氵 汊 汉 | 漢

⑭ 韩 hán 䩗 + 韦

一 十 十 古 古 古 古 卓 卓 卓 乾
韩 | 韓

⑮ 银 yín 钅 + 艮

丿 丨 卜 钅 钅 钅 钅 钅 钅 银 银
| 銀

⑯ 行 háng 彳 + 丁

丿 彳 彳 行 行 行

⑰ 护 hù 扌 + 户

一 十 扌 扌 扌 护 护 | 護

⑱ 士 shì

一 十 士

⑲ 手 shǒu

一 二 三 手

⑳ 机 jī 木 + 几

㉑ 职 zhí 耳 + 只

㉒ 员 yuán 口 + 贝

㉓ 脑 nǎo 月 + 囟

㉔ 爱 ài 爫 + 友

㉕ 课 kè 讠 + 果

㉖ 公 gōng 八 + 厶

㉗ 网 wǎng

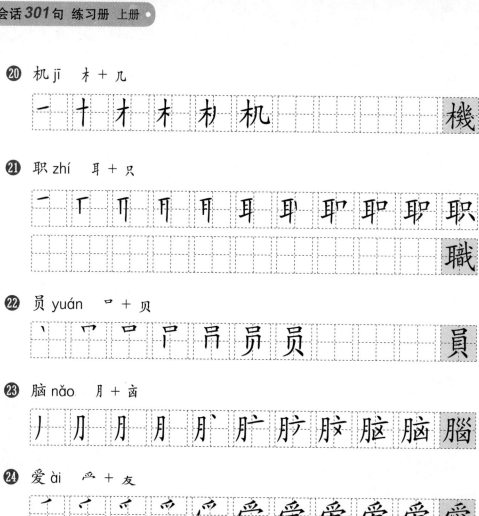

询问（3）

08 现在几点

Который час сейчас

一 根据提供的时间和词语完成句子　Составьте предложения с приведенными временем и словами

例： 20:30 看电视 → 我晚上八点半看电视。

1. 7:00 起床　→ _____

2. 7:15 吃早饭　→ _____

3. 12:00 吃午饭　→ _____

4. 19:30 看电视　→ _____

5. 23:50 睡觉　→ _____

二 完成对话　Дополните следующие диалоги

1. A：_____？（吃饭）

   B：十二点一刻。

2. A：_____？（去上海）

   B：明年一月去上海。

3. A：你在哪儿上网？

   B：_____。（家）

   A：_____？

   B：晚上九点半。

4. A：_____？（今天）

   B：不，我不去打网球。

   A：_____？（在家）

   B：看电视。

三 给括号内的词语找到适当的位置 Поставьте в нужное место слова в скобках

1. 我 A 今天 B 晚上 C 睡觉 D。　　　　　　　　（十一点半）

2. A 明天 B 上午 C 去花店（huādiàn，цветочный　（九点）
   магазин）D 买花儿。

3. A 他 B 明天上午 C 上课 D。　　　　　　　　（在教室）

4. A 今天 B 晚上 C 我看电视 D。　　　　　　　（八点一刻）

四 改错句 Исправьте ошибки там, где они есть

1. 我不有电脑。→ _____

2. 明天我没去商店。→ _____

3. 他们没结婚了。→ _____

4. 他起床七点。→ _____

5. 我吃饭在食堂。→ _____

五 根据拼音写汉字 Запишите иероглифы согласно транскрипции пиньинь

1. qù shuì jiào _____　　2. kàn diànyǐng _____

3. chī fàn _____　　　　4. mǎi huār _____

5. dǎ wǎngqiú _____　　6. huí sùshè _____

08 现在几点

六 写出动词的宾语　Добавьте подходящие объекты к следующим глаголам

1. 吃_____　　2. 打_____　　3. 听_____
4. 做_____　　5. 买_____　　6. 看_____
7. 回_____　　8. 起_____　　9. 上_____
10. 下_____

七 写出含有偏旁"见"或"𤣩"的汉字　Напишите китайские иероглифы с радикалом "见" или "𤣩"

　　　jiàn　　　　shì　　　　xiàn　　　　qiú
1. 再____　　2. 电____　　3. ____在　　4. 打____

　　　jiào　　　　wáng
5. 睡____　　6. 姓____

八 交际练习　Упражнение на общение

和同伴互相介绍一下儿自己一天的学习和生活安排。
Поговорите с вашим партнером о том, что вы делаете каждый день (о расписании дня)

你想想

一个字加一笔能变成另一个字，如："一"加一笔变成"二、十"。下面的这个字，你会变吗？

大 → ❶_____　❷_____　❸_____

汉字笔顺表

❶ 点 diǎn　占 + 灬

❷ 分 fēn　八 + 刀

❸ 差 chà　羊 + 工

❹ 刻 kè　亥 + 刂

❺ 半 bàn

❻ 现 xiàn　王 + 见
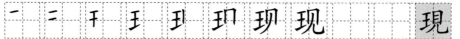

❼ 吃 chī　口 + 乞
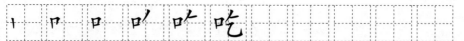

❽ 饭 fàn　饣 + 反

08 现在几点

⑨ 起 qǐ　走 + 己
一 十 土 キ 丰 走 走 起 起 起

⑩ 床 chuáng　广 + 木
丶 一 广 广 庄 庆 床

⑪ 食 shí　人 + 良
丿 人 𠆢 今 今 今 食 食 食

⑫ 花 huā　艹 + 化
一 艹 艹 艹 艹 花 花

⑬ 打 dǎ　扌 + 丁
一 十 才 扌 打

⑭ 球 qiú　王 + 求
一 二 干 王 𤣩 玎 珨 玨 球 球 球

⑮ 水 shuǐ
亅 㐅 水 水

⑯ 时 shí　日 + 寸
丨 冂 冂 日 日丶 时 时　時

⑰ 候 hou　亻 + 丨 + 矦
丿 亻 亻 亻 𠊱 𠊱 𠊱 侯 侯 候

⑱ 睡 shuì　目 + 垂

⑲ 觉 jiào　⺌ + 见

询问（4）

09 你住在哪儿

Где ты живешь

一 给下面的词语注音　Запишите транскрипцией пиньинь следующие слова

1. 欢迎_____　2. 高兴_____　3. 有_____

4. 旁边_____　5. 玩儿_____　6. 在_____

7. 一起_____　8. 常　_____　9. 和_____

10. 叫_____

二 用上面的词语填空　Заполните пропуски с приведенными выше (в задании 1) словами

我_____一个朋友，他_____汉斯（Hànsī, Ганс）。❶他住_____学校宿舍一号楼一层 105 号房间。❷我家_____学校_____。我很_____我的朋友来我家_____。❸我们_____ _____看电影、听音乐。❹星期六、星期日我_____朋友们_____在学校打球。

三 把上面带序号的句子改成疑问句　Переделайте предложения 1－4 выше (в задании 2) в вопросительные

1. _____

2. _____

3. _____

4. _____

四　用"几"或"多少"提问　Задайте вопросы с "几" или "多少"

1. A：_____？

   B：我们学校有八十七个老师。

2. A：_____？

   B：他的房间是328号。

3. A：_____？

   B：他的生日是6月18号。

4. A：_____？

   B：这个楼有六层。

5. A：_____？

   B：二号楼有八十个房间。

6. A：_____？

   B：我有三个中国朋友。

五　在后面两组词语中找出适当的词语完成句子　Дополните предложения подходящими сочетаниями слов

1. 我去<u>教室上课</u>_____。

2. 我去_____。

3. 我去_____。

4. 我去_____。

5. 我去_____。

教室　吃饭
花店　玩儿
公园　上课
食堂　买东西
商店　买花儿

六　给括号内的词语找到适当的位置　Поставьте в нужное место слова в скобках

1. A 他 B 常 C 去食堂 D 吃饭。　　　（不）

2. 我 A 和 B 朋友 C 一起 D 玩儿。　　　　（常常）

3. A 我们 B 住 C 在 D 一起。　　　　　　　（不）

4. A 他们都 B 在 C 银行 D 工作。　　　　　（不）

5. A 他 B 昨天 C 问 D 我们。　　　　　　　（没）

七 根据拼音写汉字　Запишите иероглифы согласно транскрипции пиньинь

1. Yóujú zài gōngyuán pángbiān.

　　_____

2. Huānyíng lái Běijīng.

　　_____

3. Shàng kè de shíhou wèn lǎoshī.

　　_____

八 写出含有偏旁"辶"的汉字　Напишите китайские иероглифы с радикалом "辶"

　　　　　jìn　　　　　yíng　　　　　dao　　　　　biān
1. 请____　　2. 欢____　　3. 知____　　4. 旁____

九 交际练习　Упражнение на общение

和同学互相介绍自己住在哪儿（如：几号楼，几层，多少号房间）。
Поговорите с вашими одноклассниками о вашем адресе (например: Какой дом? На каком этаже? Какая квартира?).

你想想

"半个朋友没有了"是一个什么字？

汉字笔顺表

① 住 zhù　亻+ 主
丿 亻 亻 忄 住 住 住

② 多 duō　夕+ 夕
丿 夕 夕 多 多 多

③ 少 shǎo
丨 小 小 少

④ 房 fáng　户+ 方
丶 宀 宀 户 户 户 房 房

⑤ 间 jiān　门+ 日
丶 丨 门 门 间 间 间　間

⑥ 欢 huān　又+ 欠
フ 又 又 欢 欢 欢　歡

⑦ 迎 yíng　辶+ 卬
丿 亻 白 印 卬 迎 迎

⑧ 玩 wán　王+ 元
一 二 千 王 玗 玗 玗 玩

09 你住在哪儿

⑨ 常 cháng ⌒+吊
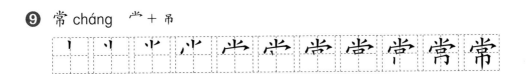

⑩ 问 wèn 门+口
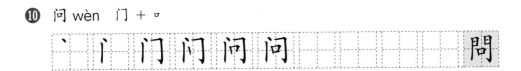

⑪ 校 xiào 木+交

⑫ 楼 lóu 木+娄

⑬ 路 lù 足+各
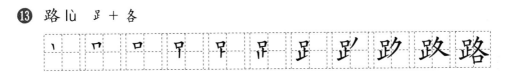

⑭ 知 zhī 矢+口

⑮ 道 dào 辶+首

⑯ 旁 páng 亠+方
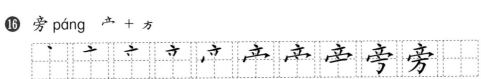

⑰ 边 biān 辶 + 力

⑱ 对 duì 又 + 寸

⑲ 公 gōng 八 + 厶

⑳ 园 yuán 囗 + 元

㉑ 找 zhǎo 扌 + 戈

㉒ 层 céng 尸 + 云
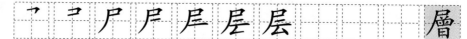

询问（5）

10 邮局在哪儿

Где находится почта

一 给下面的词语注音 Запишите транскрипцией пиньинь следующие слова

1. 东边_____
2. 南边_____
3. 西边_____
4. 北边_____
5. 旁边_____
6. 那_____
7. 那儿_____
8. 休息_____
9. 不_____
10. 常_____
11. 在_____
12. 离_____

二 用上面的词语填空 Заполните пропуски с приведенными выше (в задании 1) словами

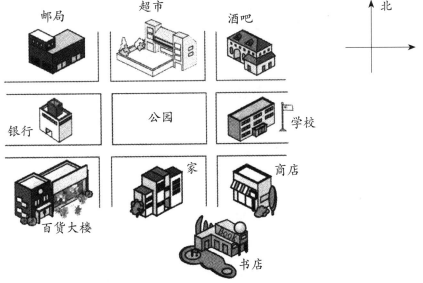

我家_____公园_____，_____公园很近。_____的时候，我_____去_____玩儿。我家_____有商店、百货大

楼、书店，我＿＿＿＿去＿＿＿＿买东西。公园＿＿＿＿有一个学校，我弟弟就＿＿＿＿ ＿＿＿＿个学校学习。超市＿＿＿＿是酒吧。我＿＿＿＿常去那个酒吧。

三 根据课本第89页的"扩展"（他爸爸……回家），提出四个正反疑问句
Составьте 4 вопросительных предложения с утвердительно-отрицательной формой сказуемого (по образцу на странице 89 учебника)

1. ＿＿＿＿＿＿＿＿＿＿＿＿＿＿＿＿＿＿＿＿＿＿＿＿＿

2. ＿＿＿＿＿＿＿＿＿＿＿＿＿＿＿＿＿＿＿＿＿＿＿＿＿

3. ＿＿＿＿＿＿＿＿＿＿＿＿＿＿＿＿＿＿＿＿＿＿＿＿＿

4. ＿＿＿＿＿＿＿＿＿＿＿＿＿＿＿＿＿＿＿＿＿＿＿＿＿

四 选词填空　Заполните пропуски правильными словами

1. 他＿＿＿＿银行职员。　　　　　　（在　有　是　去）

2. 今天我们＿＿＿＿去公园看花儿。　（常　有　在　一起）

3. 他们在＿＿＿＿打球。　　　　　　（去　那儿　哪儿）

4. 中国银行＿＿＿＿在我们学校旁边。（就　常　有　看）

5. 你＿＿＿＿前走，那个大楼一层就是超市。（就　往　去　那儿）

五 完成对话　Дополните следующие диалоги

1. A：请问＿＿＿＿＿＿＿＿＿＿＿＿＿＿＿？

   B：银行就在那个书店旁边。

2. A：你们学校＿＿＿＿＿＿＿＿＿＿？（离家）

   B：很远。

   A：＿＿＿＿＿＿＿＿＿＿？

   B：我坐车去。

3. A：你＿＿＿＿＿＿＿＿＿＿？（上网）

   B：常常上网。

   A：＿＿＿＿＿＿＿＿＿＿？

   B：在宿舍。

六 根据拼音写汉字　Запишите иероглифы согласно транскрипции пиньинь

1. Cāochǎng zài jiàoshì de dōngbian.
   ＿＿＿＿＿＿＿＿＿＿＿＿＿＿＿＿

2. Shuí zài pángbiān de fángjiān tīng yīnyuè?
   ＿＿＿＿＿＿＿＿＿＿＿＿＿＿＿＿

3. Tā cháng qù yóujú zuò shénme?
   ＿＿＿＿＿＿＿＿＿＿＿＿＿＿＿＿

七 写出含有偏旁"忄"的汉字　Напишите китайские иероглифы с радикалом "忄"

　　　　nín　　　　　　xi　　　　　　zěn

1. ＿＿早　　2. 休＿＿　　3. ＿＿么

八 交际练习 Упражнение на общение

和同学设计（shèjì，составлять）一段对话（duìhuà，диалог），询问操场、食堂、超市、书店等地方在哪儿。

Составьте диалог с товарищем и спросите друг друга, где находится спортивная площадка (столовая, супермаркет, книжный магазин и т.д).

你想想

一边半个"很"，一边半个"住"。这是一个什么字？

汉字笔顺表

① 怎 zěn 乍 + 心

② 走 zǒu 土 + ㇙

③ 就 jiù 京 + 尤

④ 往 wǎng 彳 + 主

⑭ 操 cāo   扌 + 喿

⑮ 场 chǎng   土 + 旸

⑯ 近 jìn   辶 + 斤

需要（1）

11 我要买橘子

Я хочу купить мандарины

一 熟读词语　Выучите следующие слова наизусть

要	还	别的
~多少	~喝/吃/……	~东西
~几斤/瓶/……	~去/来/……	~地方
~苹果/……	~看/听/……	~老师
~喝可乐	~要	~语言

种	多
一~	很~
这~	不~
那~	~了一块钱
很多~	~好啊

二 用上面的词语填空　Заполните пропуски словами выше (в задании 1)

1. ＿＿＿＿＿＿橘子很好，你尝尝。

2. 上午我们打球，下午＿＿＿＿＿＿打吗？

3. 我不＿＿＿＿＿＿韩语书，我＿＿＿＿＿＿汉语书。

4. 你昨天发电子邮件了，今天＿＿＿＿＿＿发吗？

5. 明天你们去天安门，＿＿＿＿＿＿去＿＿＿＿＿＿吗？

6. 茶（chá, чай）有＿＿＿＿＿＿，我不知道你要哪种。

三 **完成对话** Дополните следующие диалоги

1. A：您_____？（买）

   B：有可乐吗？

   A：有，要_____？（几）

   B：一瓶。

2. A：这种橘子_____？（斤）

   B：_____。（6.30元）_____？（几）

   A：两斤。

3. A：小王，_____？

   B：就在学校旁边。

   A：那个商店的花儿_____？（吗）

   B：不太多。

   A：_____？

   B：很便宜。

4. A：您_____？（要）

   B：香蕉（xiāngjiāo, банан）_____？

   A：_____。（10.00元）

   B：太_____！不要了。

四 **用动词重叠形式完成句子** Дополните предложения удвоенными глаголами

1. 你_____，这音乐很好听。

2. 你太累了，_____吧。

3. 你是北京人，给我们_____北京，好吗？

4. 我也不认识这个字，明天＿＿＿＿＿老师吧。

5. 这个星期天，我们去颐和园＿＿＿＿＿吧。

6. 你＿＿＿＿＿，这是我做的中国菜（cài）。

7. 你＿＿＿＿＿大卫，明天他去不去长城。

8. 玛丽，你来＿＿＿＿＿，这是什么？

五 改错句　Исправьте ошибки там, где они есть

1. 他没结婚了。

   →＿＿＿＿＿＿＿＿＿＿＿＿＿＿＿＿＿＿＿＿

2. 我昨天没忙了，今天忙。

   →＿＿＿＿＿＿＿＿＿＿＿＿＿＿＿＿＿＿＿＿

3. 他工作在银行，是职员。

   →＿＿＿＿＿＿＿＿＿＿＿＿＿＿＿＿＿＿＿＿

4. 我吃早饭在家七点一刻。

   →＿＿＿＿＿＿＿＿＿＿＿＿＿＿＿＿＿＿＿＿

5. 他睡觉十一点半常常晚上。

   →＿＿＿＿＿＿＿＿＿＿＿＿＿＿＿＿＿＿＿＿

6. 一斤多少钱橘子？

   →＿＿＿＿＿＿＿＿＿＿＿＿＿＿＿＿＿＿＿＿

7. 要两瓶可乐，不别的了。

   →＿＿＿＿＿＿＿＿＿＿＿＿＿＿＿＿＿＿＿＿

8. 他买两苹果。

   →＿＿＿＿＿＿＿＿＿＿＿＿＿＿＿＿＿＿＿＿

六　根据拼音写汉字　Запишите иероглифы согласно транскрипции пиньинь

1. zuò qìchē ＿＿＿＿＿
2. mǎi dōngxi ＿＿＿＿＿
3. chī píngguǒ ＿＿＿＿＿
4. hē shuǐ ＿＿＿＿＿
5. tīng lùyīn ＿＿＿＿＿
6. qù yínháng ＿＿＿＿＿

七　填写正确的汉字　Заполните пропуски подходящими иероглифами

＿＿＿我家不远有一个书＿＿＿。那个书＿＿＿的＿＿＿很多。我常常一＿＿＿人去买＿＿＿。有时候也和朋＿＿＿一＿＿＿去。我在书＿＿＿认＿＿＿了一＿＿＿人，他就在书＿＿＿工作。他给我介＿＿＿了很多好＿＿＿。我认＿＿＿这＿＿＿朋＿＿＿很高＿＿＿。

八　写出含有偏旁"贝"或"夕"的汉字　Напишите китайские иероглифы с радикалом "贝" или "夕"

　　　　　huòyuán　　　　guì　　　　　míng

1. 售＿＿＿　2. 很＿＿＿　3. ＿＿＿字

　　　　　duō　　　　　suì

4. 不＿＿＿　5. 十＿＿＿

九　交际练习　Упражнение на общение

你和大卫一起去水果店买水果，你们问老板水果的价格及怎么支付。
Вы с Давидом заходите в магазин за фруктами. Спросите у хозяина магазина цены на фрукты и способ оплаты.

11 我要买橘子

考考你

你能写出多少个偏旁是"亻"的汉字？

	nǐ	tā	nín	zuò	zhù
	1.____	2.____	3.____	4.____	5.____

	men	tǐ	zuò	shén	xiū
	6. 她____	7. 身____	8. 工____	9.____么	10.____息

	hou	fù	jiàn	pián	xìn
	11. 时____	12.____钱	13. 邮____	14.____宜	15. 微____

汉字笔顺表

❶ 元 yuán

一 二 亓 元

❷ 块 kuài　土 + 夬

一 十 土 圠 坧 块 块　　块

❸ 毛 máo

丿 二 三 毛

❹ 角 jiǎo　⺈ + 用

丿 ⺈ 乛 角 角 角 角

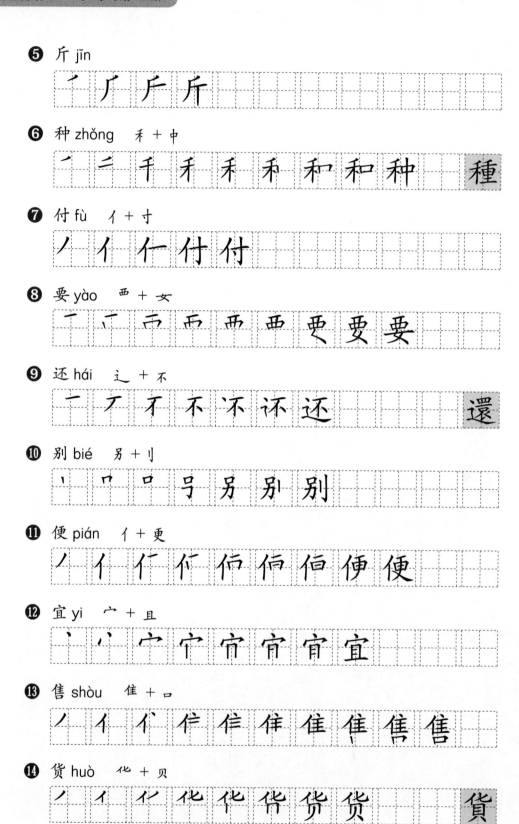

㉔ 电 diàn

㉕ 邮 yóu   由 + 阝

㉖ 件 jiàn   亻 + 牛

㉗ 瓶 píng   并 + 瓦

㉘ 橘 jú   木 + 矞

需要（2）

12 我想买毛衣
Я хочу купить свитер

一 熟读词语　Выучите следующие слова наизусть

天	想	件
一~	~妈妈	一~衣服
~冷了	~家	两~上衣
冷~	~回家	一~事（shì）
	~休息	

极了	再	少
忙~	~想想	很~
累~	~吃点儿	不~
高兴~	~来	~了一块钱
贵~		~喝点儿

二 给下面的词语注音，并给反义词连线　Запишите транскрипцией пиньинь следующие слова и соедините линиями антонимы

小 _____　　　坏 huài

少 _____　　　贵 _____

长 _____　　　短 _____

便宜 _____　　　多 _____

好 hǎo　　　大 _____

三 选词填空　Заполните пропуски приведенными словами

> 什么　怎么　怎么样　哪儿　谁　几　多少

1. 他们学校有_____学生？

2. 他的名字_____写？

3. 他们都在_____上课？

4. 他有_____个美国朋友？

5. 他爸爸、妈妈的身体_____？

6. 你爸爸做_____工作？

7. _____是你们的老师？

四 写出动词　Добавьте подходящие глаголы

1. _____衣服　　2. _____饮料　　3. _____微信

4. _____生词　　5. _____宿舍　　6. _____东西

7. _____饭　　　8. _____电影　　9. _____汉语

10. _____汽车

五 完成对话　Дополните следующие диалоги

1. A：你要喝_____？（饮料）

   B：要。

   A：_____？（什么）

   B：可口可乐。

2. A：＿＿＿＿＿＿＿＿＿＿＿＿＿？（哪儿）

   B：去手机商店买手机。

   A：你没有手机吗？

   B：我的手机不好，＿＿＿＿＿＿＿＿＿好的。（想）

3. A：上课的时候可不可以发微信？

   B：＿＿＿＿＿＿＿＿＿，你下课的时候发吧。（不）

4. A：你现在上网吗？

   B：＿＿＿＿＿＿＿＿＿，我很累，我想休息一下儿。

六 仿照例句完成句子 Допишите следующие предложения по образцу

例：这个教室<u>不大也不小</u>。

1. 那件衣服＿＿＿＿＿＿＿＿＿＿＿＿＿＿。
2. 那个商店的东西＿＿＿＿＿＿＿＿＿＿＿。
3. 我的钱买电脑＿＿＿＿＿＿＿＿＿＿＿＿。
4. 他家离学校＿＿＿＿＿＿＿＿＿＿＿＿＿。

七 填写正确的汉字 Заполните пропуски подходящими иероглифами

我来哈尔滨（Hā'ěrbīn, Харбин）四天了。这儿天太＿＿＿了。我的衣＿＿＿很＿＿＿，所以昨＿＿＿去买了一＿＿＿大衣，今＿＿＿就＿＿＿在身上了。

我住＿＿＿宾馆（bīnguǎn, гостиница），上午、下午工＿＿＿很忙，很＿＿＿，晚＿＿＿回宾馆就想睡＿＿＿。

八 写出含有偏旁"木"或"阝"的汉字   Напишите китайские иероглифы с радикалом 木 или 阝

   jī   lóu   xiào   jú

1. 手____ 2. 大____ 3. 学____ 4. ____子

   yàng   jí   dōu   yóu

5. 怎么____ 6. 好____了 7. ____来 8. ____局

九 交际练习   Упражнение на общение

你和同学设计一段买衣服的对话。
Составьте диалог о покупке одежды.

你想想

"大口吃进小口"是哪个汉字?

汉字笔顺表

❶ 小 xiǎo

亅 小 小

❷ 可 kě   丁 + 口

一 丁 可 可 可

12 我想买毛衣

❸ 衣 yī

❹ 冷 lěng 冫 + 令

❺ 样 yàng 木 + 羊

❻ 长 cháng

❼ 短 duǎn 矢 + 豆

❽ 词 cí 讠 + 司

❾ 想 xiǎng 相 + 心

❿ 极 jí 木 + 及

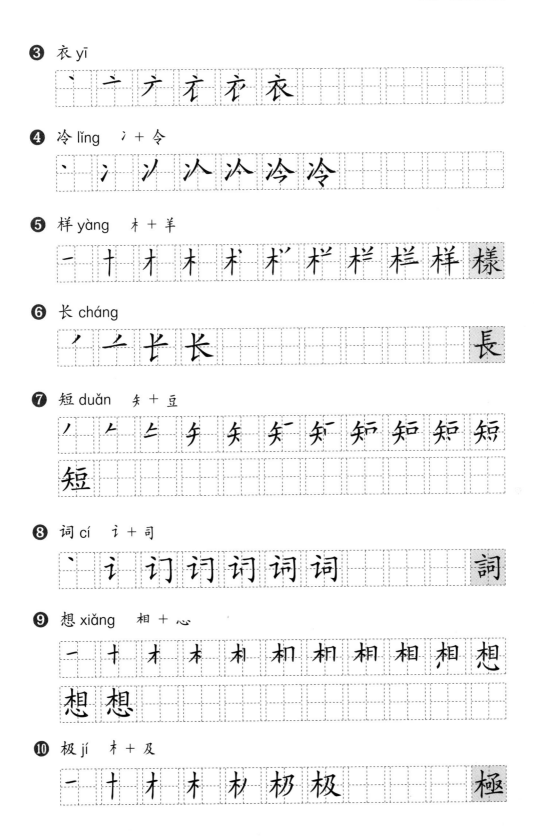

⑪ 穿 chuān   宀 + 牙

⑫ 服 fú   月 + 艮
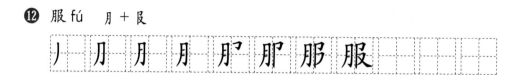

⑬ 试 shì   讠 + 式
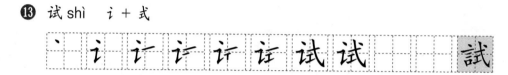

⑭ 吃 chī   口 + 乞
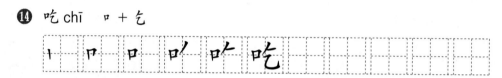

⑮ 外 wài   夕 + 卜

需要（3）

13 要换车

Надо сделать пересадку

一 熟读词语　Выучите следующие слова наизусть

刷	换	到
~卡	~车	~北京了
~手机	~衣服	~站
~牙（yá, зуб）	~鞋	收~微信
	~几号线	~上课的时间

张	会	一点儿
一~票	~说汉语	买~东西
两~地图	~做饭	喝~可乐
一~床	不~来	要便宜~的
	~写生词	懂~汉语

二 选择正确答案　Выберите правильные ответы

1. 他今年28＿＿＿了。　　A. 年　　　　B. 岁
2. 现在＿＿＿。　　　　　A. 二点十五分　B. 两点一刻
3. 我买两＿＿＿电影票。　A. 张　　　　B. 个
4. 他给我一＿＿＿书。　　A. 个　　　　B. 本
5. 他有一＿＿＿中国地图。A. 张　　　　B. 个

三 **组词成句（有的词可以用两次）** Составьте предложения с приведенными словами (некоторые из них можно употреблять два раза)

1. 他　汉语　说　会　了　一点儿

   _____

2. 现在　不　十点　半　了　来　会　他

   _____

3. 姐姐　妹妹　地图　本子　张　一　个　给

   _____

4. 去　换　天安门　要　吗　车

   _____

四 **完成对话** Дополните следующие диалоги

1. A：_____？（做饭）

   B：我会做。

   A：_____？（中国菜）

   B：不会，我会做日本菜，星期六晚上请你来我家尝尝。

   A：_____！

2. A：你要_____？（什么）

   B：我要喝可口可乐。

   A：_____？（别的）

   B：不要了。

3. A：你朋友＿＿＿＿＿＿＿＿＿＿＿＿＿？（几）

   B：八点来。

   A：现在八点十分了，她＿＿＿＿＿＿＿＿＿＿＿＿＿？（会）

   B：会，路上车很多，可能（kěnéng, может быть）晚一点儿。

4. A：今天晚上＿＿＿＿＿＿＿＿＿＿＿＿＿，好吗？（电影）

   B：好，中国电影吗？

   A：不是。

   B：＿＿＿＿＿＿＿＿＿＿＿＿＿？（哪）

   A：法国的。

   B：好，我们＿＿＿＿＿＿＿＿＿＿＿＿＿。（一起）

五　改错句　Исправьте ошибки там, где они есть

1. 我会说汉语一点儿。

   → ＿＿＿＿＿＿＿＿＿＿＿＿＿＿＿＿＿

2. 他是日本人的留学生。

   → ＿＿＿＿＿＿＿＿＿＿＿＿＿＿＿＿＿

3. 我说汉语不会。

   → ＿＿＿＿＿＿＿＿＿＿＿＿＿＿＿＿＿

4. 他一本书给我。

   → ＿＿＿＿＿＿＿＿＿＿＿＿＿＿＿＿＿

5. 都他们三人是很忙。

   → ＿＿＿＿＿＿＿＿＿＿＿＿＿＿＿＿＿

六 根据拼音写汉字 Запишите иероглифы согласно транскрипции пиньинь

1. dǒng Yīngyǔ _____   2. nǎ guó diànyǐng _____

3. shuā kǎ _____   4. méi dào zhàn _____

七 用汉字填空 Заполните пропуски подходящими иероглифами

我和大卫都_____去颐和园（Yíhé Yuán, Летний дворец, парк «Ихэюань»）玩儿，可是（kěshì, но）我们两_____人_____不知_____怎_____去。_____刘京，刘京_____："颐和园_____这儿_____近，在学_____门口（ménkǒu, ворота）坐_____西去的690路汽车就可以到颐和园的东门。"明天是_____期六，我们_____课，我和大卫明天_____完早饭以后（yǐhòu, после）就_____颐和园_____。

八 写出含有偏旁"扌"的汉字 Напишите китайские иероглифы с радикалом "扌"

　　　　dǎ　　　　tóu　　　　huàn　　　　zhǎo

1. ____球　2. ____币　3. ____钱　4. ____人

九 交际练习 Упражнение на общение

你和同学要去公园玩儿，但不知道怎么买票、怎么去，你们设计一段买票、问路的对话。

Вы с товарищем собираетесь поехать в парк, но вы не знаете, как купить билеты и как добраться до парка. Составьте диалог о том, как вы покупаете билеты и спрашиваете о дороге.

13 要换车

你看看

圈出每组汉字不一样的部分，如：宿安，然后给汉字注音。

1. 员_____   货_____   贵_____
2. 远_____   近_____   道_____
3. 问_____   间_____
4. 我_____   找_____

汉字笔顺表

❶ 换 huàn 扌 + 奂

❷ 到 dào 至 + 刂

❸ 站 zhàn 立 + 占

❹ 说 shuō 讠 + 兑

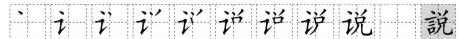

● 汉语会话 *301* 句 练习册 上册

❺ 路 lù 足 + 各

❻ 卡 kǎ

❼ 懂 dǒng 忄 + 董

❽ 点 diǎn 占 + 灬

❾ 地 dì 土 + 也

❿ 铁 tiě 钅 + 失

⓫ 线 xiàn 纟 + 戋

⓬ 刷 shuā 尸 + 刂

⑬ 投 tóu 扌 + 殳

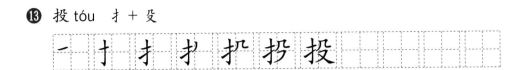

⑭ 币 bì

⑮ 法 fǎ 氵 + 去

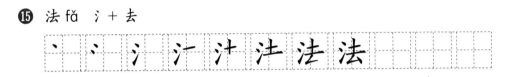

需要（4）

14 我要去换钱

Я пойду обменять валюту

一 熟读词语 Выучите следующие слова наизусть

里	带	时间
家～	～东西	有～
书～	～卡	没～
房间～	～你去	～不早了
电话～	～给他	～不多

花	这样	等
～时间	～做	～我
～钱	～写	我～你
	～念	在房间～

二 给下面的词语注音，然后选词填空 Запишите транскрипцией пиньинь следующие слова и заполните пропуски подходящими словами

想_____ 会_____ 能_____ 要_____ 可以_____

1. 大夫说他身体不好，不_____走很远的路。

2. 你_____汉语，请你看看，这信里说了什么。

3. 我看看你的本子，_____吗？

4. 你_____喝可乐吗？

5. A：你去那个商店，你＿＿＿＿＿＿买什么？

   B：听说那个商店很大，东西很多，我＿＿＿＿＿＿去看看。

6. A：下课的时候＿＿＿＿＿＿不＿＿＿＿＿＿在教室里吸烟（xī yān，курить）？

   B：我＿＿＿＿＿＿不＿＿＿＿＿＿。

三 完成对话　Дополните следующие диалоги

1. A：＿＿＿＿＿＿＿＿＿＿＿＿，请你在这儿等等，我回去拿（ná，брать, приносить）。（带　手机）

   B：＿＿＿＿＿＿＿＿＿＿＿＿！我等你。（快）

2. A：昨天你去商店了没有？

   B：＿＿＿＿＿＿＿＿＿＿＿＿。（去）

   A：＿＿＿＿＿＿＿＿＿＿＿＿？（买）

   B：没买东西。

3. A：小明的＿＿＿＿＿＿＿＿＿＿＿＿，你知道吗？（手机号码）

   B：知道，我＿＿＿＿＿＿＿＿＿＿＿＿。（手机　有）

4. A：你的中国名字＿＿＿＿＿＿＿＿＿＿＿＿？（怎么）

   B：这样写。

四 给括号内的词语找到适当的位置　Поставьте в нужное место слова в скобках

1. 你 A 西走，B 到80号就是 C 小王的家 D。　　　（往）

2. 我昨天 A 去商店了 B，C 买东西。　　　（没）

3. 你 A 等等，B 他 C 很快 D 来。　　　（就）

4. 我昨天 A 不忙 B，今天 C 忙 D。　　　　　　　（了）

5. 去年（qùnián，прошлый год）来的时候 A 想家 B，（了）
   现在 C 不想 D。

五 写出动词的宾语　Добавьте подходящие объекты к глаголам

1. 坐_____　　2. 听_____　　3. 写_____

4. 发_____　　5. 做_____　　6. 起_____

7. 穿_____　　8. 找_____　　9. 喝_____

10. 说_____

六 填写正确的词语　Заполните пропуски подходящими словами

我的人民币都_____了，我要去_____换_____。玛丽说："_____是星期日，_____休息，我这儿有_____，你要_____？"我说："五百块。"玛丽说："给_____。"我说："谢谢，_____换了人民币我还（huán, возвращать）_____。"

七 改错句　Исправьте ошибки там, где они есть

1. 明天我没去公园。

   →_____

2. 昨天他没来上课了。

   →_____

3. 和子常常做日本菜了。

   →_____

14 我要去换钱

4. 昨天我不来了。

   → _____

八 写出含有偏旁 "攵" 或 "钅" 的汉字 Напишите китайские иероглифы с радикалом "攵" или "钅"

   jiào   zuò   shǔ shù

1. _____室 2. _____饭 3. _____ _____

   qián   yín

4. 换_____ 5. _____行

九 交际练习 Упражнение на общение

你和同学设计一段关于在银行换钱的对话。
Составьте диалог об обмене валюты в банке.

你看看

圈出每组汉字不一样的部分，如：宿安，然后在横线上写一个汉字，与给出的汉字组成一个词。

1. 几 儿_____   2. 个 介_____

3. 休_____ _____体 4. 太 大_____ _____天

汉字笔顺表

❶ 里 lǐ

❷ 能 néng 𠯂 + 匕

❸ 数 shǔ 娄 + 攵

❹ 快 kuài 忄 + 夬

❺ 营 yíng 艹 + 冖 + 吕

❻ 业 yè

❼ 美 měi 羊 + 大

❽ 百 bǎi

14 我要去换钱

❾ 民 mín

❿ 签 qiān ⺮ + 佥

⓫ 话 huà 讠 + 舌

⓬ 码 mǎ 石 + 马

⓭ 念 niàn 今 + 心

⓮ 等 děng ⺮ + 寺

需要（5）

15 我要照张相

Я хочу сфотографироваться

一 **熟读词语** Выучите следующие слова наизусть

到	挑	关
买~	~衣服	~机
找~	~两本书	~电视
学~	~几朵花儿	~电脑
回~		~上

照相	完
没~	吃~
给你~	喝~
照一张相	做~
	写~

二 **给下面的词语注音，然后选词填空** Запишите транскрипцией пиньинь следующие слова и заполните пропуски подходящими словами

对_____　完_____　通_____　到_____　懂_____

1. 我找_____那本书了。

2. 你说_____了，她今天真的没来上课。

3. 请你再说一遍，我没听_____。

4. 那瓶酒他喝_____了。

5. 我给他打电话没打_____。

三 组词成句 Составьте предложения с приведенными словами

1. 好看　这　真　种　鲜花儿

   _____

2. 我　妈妈　电话　给　打　了

   _____

3. 这　本子　个　不　好　吗　换　一下儿　能

   _____

4. 你　请　我　电话费　交　帮　一下儿

   _____

四 完成对话 Дополните следующие диалоги

1. A：_____？（谁　衣服）

   B：是我妹妹的。

   A：真好看，_____？（吗）

   B：我不能穿，太小了。

2. A：_____？（手机　吗）

   B：不是我的，是大卫新买的。

   A：这个_____？（怎么样）

   B：我不知道，大卫说很不错。

3. A：昨天买的苹果我吃完了，你呢？

   B：还_____，还有一个。

4. A：听说你工作＿＿＿＿＿＿＿＿＿＿＿＿＿＿＿。（极了）

B：对，晚上常常工作＿＿＿＿＿＿＿＿＿＿＿＿＿。（到）

A：你身体＿＿＿＿＿＿＿＿＿＿＿＿＿？（怎么样）

B：＿＿＿＿＿＿＿＿＿＿＿＿＿。（不错）

A：要多休息啊。

B：＿＿＿＿＿＿＿＿＿！

五 **根据拼音写汉字** Запишите иероглифы согласно транскрипции пиньинь

A：Wǒ lèi le, xiǎng qù nàr zuòzuo.

＿＿＿＿＿＿＿＿＿＿＿＿＿＿＿＿＿＿＿＿＿＿＿＿＿

B：Děng yi děng, zhèr de huār hěn hǎokàn, nǐ gěi wǒ

＿＿＿＿＿＿＿＿＿＿＿＿＿＿＿＿＿＿＿＿＿＿＿＿＿

zhào zhāng xiàng, hǎo ma?

＿＿＿＿＿＿＿＿＿＿＿＿＿＿＿＿＿＿＿＿＿＿＿＿＿

A：Hǎo, zhàowánle zài qù.

＿＿＿＿＿＿＿＿＿＿＿＿＿＿＿＿＿＿＿＿＿＿＿＿＿

六 **填写正确的词语** Заполните пропуски подходящими словами

今晚我们学校＿＿＿＿＿＿＿电影，中午我想＿＿＿＿＿＿＿玛丽打＿＿＿＿＿＿＿，请＿＿＿＿＿＿＿来我们＿＿＿＿＿＿＿看＿＿＿＿＿＿＿。可是我的＿＿＿＿＿＿＿怎么没有了？没有＿＿＿＿＿＿＿怎么打＿＿＿＿＿＿＿？这时候，小王叫我："小李，小李，你的＿＿＿＿＿＿＿我找＿＿＿＿＿＿＿了，在教室里。"我听了，高兴地说："太好了，谢谢你！"

15 我要照张相

七 写出含偏旁"纟"或"亻"的汉字 Напишите китайские иероглифы с радикалом "纟" или "亻"

	shào		jié		jì		jīn
1. 介____		2. ____婚		3. ____念		4. ____天	

	ge		huì		niàn		ná
5. 一____		6. ____来		7. 纪____		8. ____来	

八 交际练习 Упражнение на общение

你喜欢照相吗？你一般什么时候照相？说说和照相有关的一件事。
Вы любите фотографировать? Когда вы обычно фотографируете? Расскажите вашу историю о фотографировании.

你想想

"一人有一口一手"是什么字？

汉字笔顺表

❶ 哎 ài 口 + 艾

丨 口 口 叶 吀 哎 哎

❷ 呀 yā 口 + 牙

丨 口 口 叮 吖 呀 呀

❸ 照 zhào 照 + 灬

❹ 相 xiàng 木 + 目

❺ 新 xīn 亲 + 斤

❻ 鲜 xiān 鱼 + 羊

❼ 帮 bāng 邦 + 巾

❽ 挑 tiāo 扌 + 兆

❾ 关 guān

❿ 通 tōng 辶 + 甬

15 我要照张相

⓫ 错 cuò　钅+昔

⓬ 真 zhēn　直 + 八

⓭ 风 fēng

⓮ 景 jǐng　日 + 京

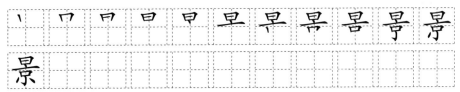

⓯ 费 fèi　弗 + 贝

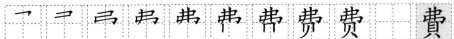

⓰ 拿 ná　合 + 手

⓱ 完 wán　宀 + 元

相约（1）

16 你看过京剧吗

Ты когда-нибудь смотрел пекинскую оперу

一　熟读词语　Выучите следующие слова наизусть

过	演	以后
吃～	～京剧	工作～
去～	～电影	休息～
没见～	～什么	来中国～
没来～		收到微信～

告诉	名	
～他	～酒	
没～别人	～茶	
～过我	～人	
不～他	～校	

二　给下面的词语注音，然后选词填空　Запишите транскрипцией пиньинь следующие слова и заполните пропуски подходящими словами

应该_____	行_____	过_____	了_____
当然_____	想_____	会_____	

1. A：你想去长城吗？

　　B：_____想。

2. A：学过的词你都会念吗？

   B：_____会吧。

3. A：这种茶你喝_____没有？

   B：没喝_____，听说不太好喝。

4. A：昨天我去看电影_____，你去看_____没有？

   B：没去看，我在上海看_____。

5. A：上课的时候睡觉，_____吗？

   B：我_____不_____。

6. A：小王去哪儿了？

   B：现在是吃饭时间，他_____在食堂吧。

   A：我找_____了，他不在。

   B：_____不_____吃完饭回宿舍了？

   A：我去看看。

🔵 三 完成句子 Допишите предложения

1. 听说上海很不错，我还_____。

2. 我不懂法语，我没_____。

3. 我去那个饭店吃_____，我知道那儿的饭菜很好吃，价钱也_____。

4. 我没_____，不知道那个地方好不好。

5. 九点了，他还_____，昨天晚上他没睡觉吗？

四 **完成对话** Дополните следующие диалоги

1. A：小王，快来，＿＿＿＿＿＿＿＿！（有　找）

   B：知道了，谢谢。

2. A：我们的英国朋友回国了，你知道吗？

   B：不知道，＿＿＿＿＿＿＿＿。（没　告诉）

3. A：我写给你的电子邮件＿＿＿＿＿＿＿＿？（收到）

   B：没有。

4. A：我们想请王老师给我们＿＿＿＿＿＿＿＿。（介绍　京剧）

   B：好，我问问他＿＿＿＿＿＿＿＿。（有　时间）

   A：你问了以后＿＿＿＿＿＿＿＿。（给　打电话）

五 **改错句** Исправьте ошибки там, где они есть

1. 你学过了汉语没有？

   →＿＿＿＿＿＿＿＿＿＿＿＿＿＿＿＿

2. 我不吃过烤鸭。

   →＿＿＿＿＿＿＿＿＿＿＿＿＿＿＿＿

3. 他常常去过留学生宿舍。

   →＿＿＿＿＿＿＿＿＿＿＿＿＿＿＿＿

4. 你看电视过了没有？

   →＿＿＿＿＿＿＿＿＿＿＿＿＿＿＿＿

5. 他还没结婚过呢！

   →＿＿＿＿＿＿＿＿＿＿＿＿＿＿＿＿

16 你看过京剧吗

六 根据拼音写汉字 Запишите иероглифы согласно транскрипции пиньинь

1. Gěi péngyou zhǎo gōngzuò.
   _____

2. Yǒu rén qǐng nǐ jièshào yíxiàr Shànghǎi.
   _____

3. Zhè jiàn shì néng gàosu tā ma?
   _____

七 填写正确的词语 Заполните пропуски подходящими словами

我在_____前边等朋友，一个外国留学生_____："请问，美国留学生大卫住在八号楼哪个房间？"我_____："我也不_____，我不_____八号楼，你进去问问宿舍的服务员（fúwùyuán，работник，официант），她_____。"这个_____听了就_____："谢谢！"她就进八号楼了。

八 写出含有偏旁"氵"或"扌"的汉字 Напишите китайские иероглифы с радикалом "氵" или "扌"

	jiǔ	Hàn	méi	yǎn
	1. ___吧	2. ___语	3. ___有	4. ___京剧

	dì	chǎng	kuài	
	5. ___图	6. 操___	7. 一___钱	

九 交际练习　Упражнение на общение

来到中国以后，你吃过什么有名的中国菜（Zhōngguócài, китайское блюдо）？

Какие известные китайские блюда вы попробовали после прибытия в Китай?

> **你想想**
>
> "上下"在一起，少了一个"一"，这是什么字？

汉字笔顺表

❶ 过 guò　辶 + 寸

一 寸 寸 寸 讨 过　　過

❷ 剧 jù　居 + 刂

一 ㄱ 尸 尸 尸 居 居 居 剧 剧　　劇

❸ 演 yǎn　氵 + 寅

丶 冫 氵 氵 汀 浐 浐 浐 泻 淯 渲 演
演 演

❹ 后 hòu

一 厂 斤 斤 后 后　　後

16 你看过京剧吗

❺ 告 gào　牛 + 口

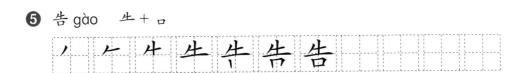

❻ 诉 sù　讠 + 斥

❼ 烤 kǎo　火 + 考

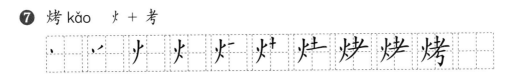

❽ 鸭 yā　甲 + 鸟

❾ 应 yīng　广 + 丷

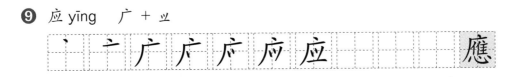

❿ 该 gāi　讠 + 亥

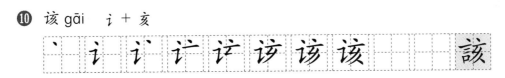

⓫ 意 yì　立 + 曰 + 心

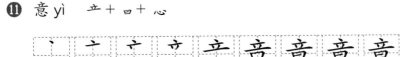

⓬ 思 sī　田 + 心

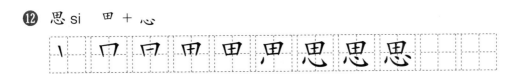

⑬ 当 dāng

⑭ 然 rán

⑮ 菜 cài

⑯ 事 shì

⑰ 价 jià

⑱ 收 shōu

⑲ 典 diǎn

⑳ 快 kuài

16 你看过京剧吗

㉑ 递 dì　辶 + 弟

㉒ 杂 zá　九 + 朩

㉓ 技 jì　扌 + 支

相约（2）

17 去动物园
В зоопарк

一 熟读词语 Выучите следующие слова наизусть

上	下	接
~个星期	~个星期	~朋友
~（个）月	~（个）月	~电话
楼~	楼~	~球
车~		

条		最
一~路		~好
一~船		~长
一~裤子（kùzi, брюки）		~便宜
		~好看

二 写出动词 Добавьте подходящие глаголы

1. _____自行车   2. _____朋友   3. _____地铁

4. _____电话   5. _____熊猫   6. _____船

7. _____价钱   8. _____东西

三 用"来"或"去"填空　Заполните пропуски "来" или "去"

1. A：玛丽在楼上，我去叫她下_____玩儿。

   B：我跟你一起上_____叫她吧。

2. A：王兰在这儿吗？

   B：不在，她在楼下，你下_____找她吧。

3. A：十二点了，你们在这儿吃饭吧！

   B：不，我们回_____吃，谢谢！

4. A：九点了，你哥哥怎么还不回_____？

   B：你看，我哥哥回_____了。

5. A：打球还少一个人，大卫呢？

   B：在宿舍里，你进_____叫他来。

   A：他的宿舍就在操场旁边，你在这儿叫他就行。

   B：大卫，快出_____打球！

四 用"还是"提问　Задайте вопросы с "还是"

1. A：_____？

   B：不喝可乐，我喝咖啡。

2. A：_____？

   B：上海和香港（Xiānggǎng, Гонконг）我都想去。

3. A：_____？

   B：我要买橘子，不买苹果。

4. A：_____？

B：这个星期天我不去公园，我想去动物园。

5. A：_____？

B：我不坐汽车，也不坐地铁，我想骑自行车去。

五 填写正确的词语 Заполните пропуски подходящими словами

❶听说《我的姐姐》这_____电影很_____，❷我和王兰都_____去看。❸王兰_____："我知道这_____电影在哪儿_____，明天我们_____去。"我_____："怎么去？"她_____："我_____自行车去。"我说："我没有自行车。"❹王兰_____："那我们_____坐公交车去吧。"

六 用"怎么样、谁、什么时候、还是"把上面带序号的句子改成疑问句
Переделайте предложения 1—4 выше (в задании 5) в вопросительные с "怎么样，谁，什么时候，还是"

1. _____

2. _____

3. _____

4. _____

17 去动物园

七 说话人在哪儿？请连线　Где находится говорящий? Соедините линиями предложения с местонахождением

1. 你们进来喝茶。
2. 刘京快下来玩儿！
3. 我们上去找他，好吗？
4. 快出来欢迎，朋友们都来了。
5. 我想下去走走，你呢？
6. 外边很冷，我们快进去吧。

里边
上边
外边
下边

八 写出含有偏旁"口"的汉字　Напишите китайские иероглифы с радикалом "口"

　　　huí　　　　　yuán　　　　　guó　　　　　tú

1. ___家　　2. 公___　　3. 中___　　4. 地___

九 交际练习　Упражнение на общение

来中国以后，你去哪儿旅游过？
Где вы побывали после прибытия в Китай?

你想想

"大口吃进一块钱"是什么字？

汉字笔顺表

❶ 气 qì

丿 𠂉 气 气　　氣

❷ 划 huá   戈 + 刂

❸ 船 chuán   舟 + 合

❹ 骑 qí   马 + 奇

❺ 自 zì

❻ 啊 a   口 + 阿

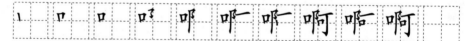

❼ 跟 gēn   足 + 艮

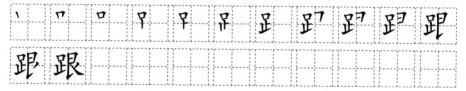

❽ 动 dòng   云 + 力

❾ 物 wù   牛 + 勿

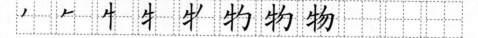

17 去动物园

⑩ 熊 xióng　能 + 灬

⑪ 猫 māo　犭 + 苗

⑫ 接 jiē　扌 + 妾

⑬ 考 kǎo　耂 + 丂

⑭ 条 tiáo　夂 + 朩

⑮ 最 zuì　曰 + 取

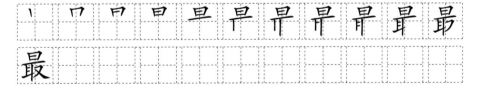

迎接（1）

18 路上辛苦了
Как вы доехали

一 熟读词语 Выучите следующие слова наизусть

从	先	辛苦
~美国来	~走了	~了
~这儿坐公交车去	~看看，再买	~你了
~北京到上海	~洗手，再吃饭	工作很~
~八点到十点		

一会儿	毕业	开
坐~	大学~	~车
休息~	中学~	火车~了
等~	毕了业就（工作）	~商店
~我就来		~门（mén，дверь）

二 用上面的词语填空 Заполните пропуски словами выше (в задании 1)

1. 你走累了，就在这儿_____吧。

2. 我去年_____进这家公司工作了。

3. 他很忙，现在有个电话要接，请你_____好吗？

4. A：明天怎么去北海公园？

   B：我哥哥会_____，我们坐他的车去。

18 路上辛苦了

三 用"要……了""快要……了""就要……了"完成句子 Допишите следующие предложения, употребляя "要……了", "快要……了" или "就要……了"

1. _____，我想下个月开始找工作。

2. _____，我们快上车吧。

3. _____（到 北京），我下飞机以后，先给朋友打个电话。

4. 大卫_____，我们等他一下儿。

5. 饭_____，你们就在我家吃饭吧。

四 完成对话 Дополните следующие диалоги

1. A：小王，你不能喝酒。

   B：_____？

   A：一会儿你还要_____呢！

   B：我的车，我弟弟_____（开走）

   A：那你_____？

   B：我坐出租车回去。

2. A：_____？（什么酒）

   B：我不喝酒。

   A：_____？

   B：今天我开车。

   A：好吧，你不喝，我也不喝了。

五 写出动词的宾语　Добавьте подходящие объекты к глаголам

1. 吃 {＿＿＿＿＿　2. 喝 {＿＿＿＿＿　3. 看 {＿＿＿＿＿　4. 坐 {＿＿＿＿＿

六 填写正确的词语　Заполните пропуски подходящими словами

❶ 我去年二月＿＿＿＿＿美国来中国。❷ 在飞机上，我＿＿＿＿＿大卫就认识了。他就坐＿＿＿＿＿我旁边。飞机＿＿＿＿＿北京以后，我们很快就＿＿＿＿＿了。❸ 还没有走出机场，就有学校＿＿＿＿＿人来接＿＿＿＿＿，❹ 他们在出租车上告诉了我们住的房间号。

七 用"是……的"把上面带序号的句子改成疑问句，并回答第4题
Переделайте предложения 1—4 выше (в задании 6) в вопросительные с "是……的" и ответьте на вопрос 4

1. ＿＿＿＿＿＿＿＿＿＿＿＿＿＿＿＿＿？（时候）

2. ＿＿＿＿＿＿＿＿＿＿＿＿＿＿＿＿＿？（哪儿　认识）

3. ＿＿＿＿＿＿＿＿＿＿＿＿＿＿＿＿＿？（谁　接）

4. ＿＿＿＿＿＿＿＿＿＿＿＿＿＿＿＿＿？（怎么来）

八 写出含有偏旁"刂"或"亻"的汉字　Напишите китайские иероглифы с радикалом "刂" или "亻"

　　　huá　　　　dào　　　　　　kè　　　　　　jù
1. ＿＿船　2. ＿＿北京　3. 两点一＿＿　4. 京＿＿
　　　hěn　　　　háng　　　　wǎng
5. ＿＿多　6. 银＿＿　7. ＿＿前走

18 路上辛苦了

九　交际练习　Упражнение на общение

设计一段你去机场接朋友的对话。
Составьте диалог о том, как вы встречаетесь с другом в аэропорту.

> **你想想**
>
> "行"有哪两个读音？你能写出两个读音不同的有"行"的词吗？

汉字笔顺表

❶ 从 cóng　亻+ 人

丿　人　从　从　　　　　　　　　　從

❷ 飞 fēi

飞　飞　飞　　　　　　　　　　　　飛

❸ 概 gài　木 + 既

一　十　オ　木　朮　朷　柯　柯　栢　根　根　概
概　概

❹ 先 xiān

丿　⺧　生　生　先　先

❺ 辛 xīn　立 + 十

丶　亠　亠　立　立　立　辛

109

⑥ 苦 kǔ   艹 + 古

一 十 艹 艹 苎 苦 苦 苦

⑦ 务 wù   夂 + 力

丿 ㄅ 夂 冬 务   務

⑧ 为 wèi

丶 ソ 为 为   爲

⑨ 感 gǎn   咸 + 心

一 厂 厂 厂 厅 咸 咸 咸 咸 感
感 感

⑩ 贸 mào   卯 + 贝

丿 ㄣ ㄣ 㐅 卯 邵 留 贸 贸   貿

⑪ 易 yì   日 + 勿

丨 冂 日 日 月 旦 易 易

⑫ 毕 bì   比 (匕 + 匕) + 十

一 上 上 比 比 毕   畢

⑬ 开 kāi

一 二 于 开   開

18 路上辛苦了

⑭ 啤 pí　口 + 卑

丨 口 口 甲 啦 响 响 响 啤 啤 啤

⑮ 租 zū　禾 + 且

丿 二 千 千 禾 利 和 和 和 租

⑯ 火 huǒ

丶 丷 火 火

迎接（2）

19 欢迎你
Добро пожаловать

一 熟读词语 Выучите следующие слова наизусть

别	送	以前
~客气	~朋友	来北京~
~不好意思	~给他一件衣服	吃饭~
~麻烦别人	不~了	睡觉~
	别~了	~的事

麻烦	不好意思	不用
太~	真~	~买
不~	太~了	~换车
~事儿		~接送
找~		~翻译
~别人		

二 用上面的词语填空 Заполните пропуски словами выше (в задании 1)

1. 微信里的意思我都看懂了，你＿＿＿＿＿＿＿＿＿＿了。
2. 这件事我能做好，别＿＿＿＿＿＿＿＿＿＿。
3. 你去商店的时候＿＿＿＿＿＿＿＿＿＿你帮我买两瓶水来。
4. 你很忙，还来送我，＿＿＿＿＿＿＿＿＿＿。
5. 你的本子用完了，我有，给你，你＿＿＿＿＿＿＿＿＿＿了。
6. 我＿＿＿＿＿＿＿＿＿＿来这儿吃过，知道这儿的菜很好吃。

19 欢迎你

三 完成句子 Допишите следующие предложения

1. 大卫，快＿＿＿＿＿＿！（接电话）
2. 你这是＿＿＿＿＿＿来中国？（第　次）
3. 那个地方我去过＿＿＿＿＿＿，不想再去了。（次）
4. 你帮我＿＿＿＿＿＿，我打个电话。（拿）
5. 明天你从我这儿去还是＿＿＿＿＿＿？（朋友）
6. 昨天我找了＿＿＿＿＿＿，他都不在家。（次）

四 组词成句 Составьте предложения с приведенными словами

1. 他　玛丽　来　那儿　从

   ＿＿＿＿＿＿＿＿＿＿＿＿＿＿＿＿

2. 我　法语　句　说　会　不　一　也

   ＿＿＿＿＿＿＿＿＿＿＿＿＿＿＿＿

3. 他　动物园　多　去　很　次　过

   ＿＿＿＿＿＿＿＿＿＿＿＿＿＿＿＿

4. 人　汉语　现在　多　学　的　很

   ＿＿＿＿＿＿＿＿＿＿＿＿＿＿＿＿

五 完成对话 Дополните следующие диалоги

1. A：这是北京的名菜，请尝尝＿＿＿＿＿＿！

   B：很好吃，这种菜以前我＿＿＿＿＿＿＿＿＿＿。

   （一……也没……）

2. A：我给你发的电子邮件，你_____？（收）

   B：这两天我忙极了，没时间_____。（网）

3. A：你_____了，我开车送你去。（坐 公交车）

   B：真_____。

4. A：昨天我给你打过三次电话，你_____。（接）

   B：我去长城了，没带手机。真对不起（duìbuqǐ, извините）！

5. A：玛丽_____吗？

   B：她去楼下超市买水了，很快_____，你请进！（回）

   A：不用了，我在_____等_____吧。（她）

六 根据拼音写汉字　Запишите иероглифы согласно транскрипции пиньинь

1. Qǐng màn yìdiǎnr shuō, shuōkuàile wǒ bù dǒng.

   _____

2. Fángjiān li tài rè le, wǒ chūqu zǒuzou.

   _____

3. Zhè shì péngyou sòng gěi wǒ de shū.

   _____

七 填写正确的词语　Заполните пропуски подходящими словами

小王今天给我打_____，他_____："_____两点我去你_____，还带一个朋友去。"我_____："他是谁？"他_____："到时候你就_____了。"

两点到了，小王来了，真的带来了一个女孩儿，小王给我介绍

19 欢迎你

_____ :"她是我们的小学同学（tóngxué, одноклассник, товарищ）李丽（Lǐ Lì）啊！"是李丽啊！我真不认识了。她变化（biànhuà, изменяться）很大，现在是个漂亮（piàoliang, красивый）的姑娘（gūniang, девушка）了。

八 写出含有偏旁"忄"的汉字　Напишите китайские иероглифы с радикалом "忄"

　　　kuài　　　　màn　　　　dǒng　　　　máng
1. ____说　　2. ____走　　3. 听____　　4. 很____

九 交际练习　Упражнение на общение

设计一段你邀请（yāoqǐng, приглашать）朋友一起吃饭的对话。
Пригласите вашего друга на обед.

> 你会吗？
>
> "数"有几个读音？你能写出它的读音吗？同时请分别造句。

汉字笔顺表

❶ 客 kè　宀 + 各

丶 丷 宀 宀 灾 突 客 客

❷ 第 dì　⺮ + 弟

丿 𠂉 𠂉 𠂉 竹 竹 笃 笃 笃 第 第

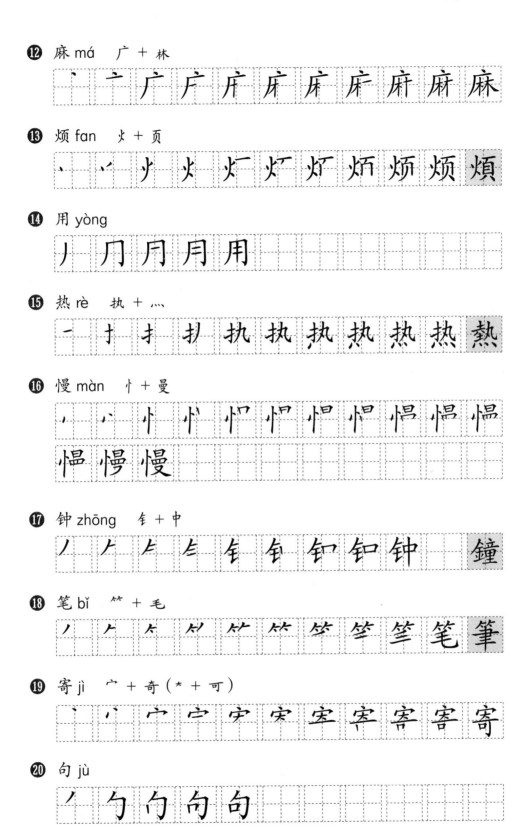

招待

20 为我们的友谊干杯
Давайте выпьем за нашу дружбу

一 熟读词语 Выучите следующие слова наизусть

过	像	一样
~来	~爸爸	~的生活
~去	不~妈妈	两种东西不~
~新年	~一家人	跟他的书~
~生日	~孩子一样	不~的价钱

洗	辆
~衣服	一~自行车
~手	两~汽车
~干净了	两~公共汽车
	两~出租车

二 选择正确的介词填空 Заполните пропуски подходящими предлогами

从　给　对　跟　离　往　在

1. 我_____朋友们一起去划船。

2. 中国银行_____这儿很近，_____前走，就在那个大楼一层。

3. 他不知道我的电话号码，没_____我打过电话。

4. 明天你_____家里来还是_____公司来？

5. 你_____公园旁边的小超市等我，一会儿我就回来。

6. 酒喝多了，_____身体不好。

三 给括号内的词语找到适当的位置　Поставьте в нужное место слова в скобках

1. 我朋友 A 车 B 开 C 很好。　　　　　　　（得）
2. 这是 A 日本朋友 B 送给 C 我 D 照片。　　（的）
3. 我 A 早上 B 七点半 C 留学生食堂 D 吃早饭。（在）
4. 他 A 工作 B 的地方 C 家 D 不太远。　　　（离）
5. 我 A 你 B 一起 C 去机场 D 接朋友。　　　（跟）
6. 汽车 A 别 B 前 C 开，D 前边没有路。　　（往）

四 完成对话（用上"得"字）　Дополните следующие диалоги, употребляя конструкцию с "得"

1. A：_____？（北京　过）

   B：过得很不错。

2. A：你尝尝这个菜做_____？

   B：_____。（好吃）

3. A：_____？（今天　起）

   B：不，我起得很晚。

4. A：你会不会写汉字？

   B：会一点儿。

   A：_____？

B：写得不太好。

5. A：听说你做中国菜＿＿＿＿＿＿＿＿＿＿。

   B：哪儿啊，我做得不好。

6. A：听说你英语、汉语说得都不错。

   B：英语还可以，汉语＿＿＿＿＿＿＿＿＿＿。

7. A：你看，那三个孩子＿＿＿＿＿＿＿＿＿＿。（玩儿　高兴）

   B：是啊，我想我们小时候也是这样的。

五　改错句　Исправьте ошибки там, где они есть

1. 他说汉语很好。

   →＿＿＿＿＿＿＿＿＿＿＿＿＿＿＿＿＿＿＿

2. 她洗衣服得真干净。

   →＿＿＿＿＿＿＿＿＿＿＿＿＿＿＿＿＿＿＿

3. 他的书我的一样。

   →＿＿＿＿＿＿＿＿＿＿＿＿＿＿＿＿＿＿＿

4. 我会说法语一点儿。

   →＿＿＿＿＿＿＿＿＿＿＿＿＿＿＿＿＿＿＿

5. 他很慢吃饭。

   →＿＿＿＿＿＿＿＿＿＿＿＿＿＿＿＿＿＿＿

6. 他走很快。

   →＿＿＿＿＿＿＿＿＿＿＿＿＿＿＿＿＿＿＿

7. 昨天我不出去了。

   →＿＿＿＿＿＿＿＿＿＿＿＿＿＿＿＿＿＿＿

20 为我们的友谊干杯

8. 他想工作在贸易公司。

   → _____

9. 昨天他不翻译完老师说的句子（jùzi, предложение）。

   → _____

10. 我下午不可以去商店。

    → _____

六 根据拼音写汉字　Запишите иероглифы согласно транскрипции пиньинь

1. Zhè zhāng zài Běijīng zhào de zhàopiàn zhào de zhēn hǎo.

   _____

2. Tāmen liǎng ge xiàng jiěmèi yíyàng.

   _____

七 填写正确的词语，然后选择正确的答案　Заполните пропуски подходящими словами и выберите правильные ответы

上星期小刘给我介绍的新朋友叫京京。她就_____在我们学校对面（duìmiàn, напротив）的大楼八层，她请_____今天下午两点去她_____玩儿。_____了，小刘还_____来，我就一个人先_____了。到了大楼一层，对面过_____的就是京京，我_____："京京，我来了。"她看了看我，像不认识_____人一样走了，这时候小刘来_____。我_____小刘："京京怎么不认识我了？"小刘_____："她不是京京，是京京的妹妹。时间_____了，快上去吧，一会儿我再告诉_____。"

■ 根据短文，选择正确答案　Выберите правильные ответы по содержанию текста

（　　）1. A. "我"认识京京和她的妹妹
　　　　　B. "我"不认识京京，认识京京的妹妹
　　　　　C. "我"不认识京京的妹妹，认识京京

（　　）2. A. 小刘不知道京京的妹妹，知道"我"
　　　　　B. 小刘知道京京，也知道京京有个妹妹
　　　　　C. "我"知道京京，也知道京京有个妹妹

八　写出含有偏旁"心"或"忄"的汉字　Напишите китайские иероглифы с радикалом "心" или "忄"

　　　　yìsi　　　　　　nín　　　　　　gǎn　　　　　　niàn
1. 有____　　2. ____好　　3. ____谢　　4. 纪____

　　　　xiǎng　　　　　xi　　　　　　zěn
5. ____家　　6. 休____　　7. ____么样

　　　　rán　　　　　　diǎn　　　　　rè　　　　　　zhào
8. 当____　　9. 两____　　10. 很____　　11. ____片

九　交际练习　Упражнение на общение

你和同学设计一段去朋友家做客的对话。
Составьте диалог о том, как вы идете в гости к вашему другу.

你想想

一个"可"没有脚（jiǎo, нога），一个"可"有脚，两个"可"上下在一起。这是什么字？你想想它是谁？

汉字笔顺表

❶ 得 děi　彳 + 导

❷ 愉 yú　忄 + 俞

❸ 谊 yì　讠 + 宜

❹ 鱼 yú

❺ 像 xiàng　亻 + 象

❻ 健 jiàn　亻 + 建

❼ 康 kāng　广 + 隶

❽ 饺 jiǎo　饣+交

❾ 饱 bǎo　饣+包

❿ 活 huó　氵+舌

⓫ 洗 xǐ　氵+先

⓬ 净 jìng　冫+争

⓭ 片 piàn

⓮ 辆 liàng　车+两

测验（01—20课）

一 选择正确的读音，在括号内画"√"（每题1分，共10分）
Выберите правильное произношение (пиньинь) и поставьте √ в соответствующие скобки

1. 累　A. léi　（　）　　2. 差　A. chà　（　）
　　　　B. lèi　（　）　　　　　B. chài（　）

3. 贵　A. guī　（　）　　4. 刻　A. kě　（　）
　　　　B. guì　（　）　　　　　B. kè　（　）

5 离　A. lì　（　）　　6. 职员　A. zhīyuán（　）
　　　　B. lí　（　）　　　　　　B. zhíyuán（　）

7. 火车　A. huǒchē（　）　　8. 便宜　A. piányi（　）
　　　　　B. huòchē（　）　　　　　　B. biànyí（　）

9. 请问　A. qīnwěn（　）　　10. 考试　A. kǎo shì（　）
　　　　　B. qǐngwèn（　）　　　　　　B. kàoshī（　）

二 写出动词（每题1分，共10分）　Добавьте подходящие глаголы

1. _____自行车　　2. _____网　　3. _____电影
4. _____飞机　　　5. _____茶　　6. _____船
7. _____衣服　　　8. _____音乐　9. _____家
10. _____钱

三 选词填空（每题1分，共20分） Заполните пропуски приведенными словами

1. 个　瓶　辆　条　岁　句　次　本　张　件

① 他想给我一_____汉语书和一_____中国地图。

② 这_____人20_____就大学毕业了。

③ 这_____路很远，我去叫_____出租车送你回去吧！

④ 他第一_____来中国的时候，一_____汉语也不会说。

⑤ 你去商店，麻烦你给我买两_____水，好吗？

⑥ 那_____毛衣太贵了，我不想买。

2. 给　在　往　从　跟　对　离

① 他不_____教室，_____操场打球呢！

② 中国贸易公司_____这儿很近，_____前走，就_____中国银行旁边。

③ 你_____我介绍一个会说法语的中国人，好吗？

④ 喝很多酒_____身体不好。

⑤ 明天我_____你们一起去长城，你们_____学校去还是_____家里去？

四 给括号内的词语找到适当的位置（每题1分，共10分） Поставьте в нужное место слова в скобках

1. 明天A我B去商店C看看，D买东西。　　　　　　　（不）

2. 你 A 等等 B，他 C 很快 D 来。　　　　　　　　（就）

3. 昨天 A 很冷 B，今天 C 不冷 D。　　　　　　　　（了）

4. 他 A 车 B 开 C 很 D 好。　　　　　　　　　　　（得）

5. 他 A 晚上 B 十二点 C 睡觉 D。　　　　　　　　（常常）

6. 他 A 汉语 B 说 C 好极了 D，像中国人一样。　　（得）

7. 北京动物园 A 我 B 去 C 过 D。　　　　　　　　（两次）

8. 昨天晚上 A 你 B 看电视 C 没有 D？　　　　　　（了）

9. 你来 A 中国以后，吃 B 烤鸭 C 没有 D？　　　　（过）

10. A 买 B 火车票以后，C 告诉 D 我。　　　　　　（到）

五　完成对话（每题2分，共20分）　Дополните следующие диалоги

1. A：＿＿＿＿＿＿＿＿＿＿＿＿＿＿？

   B：他叫大卫。

2. A：＿＿＿＿＿＿＿＿＿＿＿＿＿＿？（哪）

   B：他是中国人。

3. A：＿＿＿＿＿＿＿＿＿＿＿＿＿＿？（吗）

   B：对，他是坐地铁来的。

4. A：＿＿＿＿＿＿＿＿＿＿＿＿＿＿？（还是）

   B：我不想喝咖啡，我要喝茶。

5. A：＿＿＿＿＿＿＿＿＿＿＿＿＿＿？（谁）

   B：她是我妹妹。

6. A：我明天晚上去酒吧，＿＿＿＿＿＿＿＿？（呢）

B：我在家看电视。

7. A：_____？（什么）

　　B：他是公司职员。

8. A：她日本菜_____？（得）

　　B：很好吃。

9. A：你很喜欢喝酒，_____？（为什么）

　　B：一会儿我要开车。

10. A：昨天晚上_____？

　　B：我没看电视。

六 完成句子（每题2分，共20分） Допишите следующие предложения

1. 我_____汉语。（一点儿）

2. 请您帮_____。（照相）

3. 时间不早了，我们_____。（家）

4. 这两个汉字我也不认识，我们_____吧。（老师）

5. 他在楼上，你_____。（找）

6. 这两天他们_____，你不能去。（考试）

7. 你说得太快，我没听懂，请你_____。（一点儿）

8. 中国杂技我还_____。（没……呢）

9. 我的手机没电了，_____。（不能）

10. 我试试这件毛衣，_____？（可以）

七 选择正确的应答，在括号内画"√"（每题2分，共10分） Выберите правильные ответы и поставьте √ в соответствующие скобки

1. A：你们吃啊，别客气！
   B：① 没什么。（　　）
   　　② 很客气。（　　）
   　　③ 谢谢。（　　）

2. A：我们经理请您在北京饭店吃晚饭。
   B：① 可以。（　　）
   　　② 您太客气了，真不好意思。（　　）
   　　③ 我喜欢在饭店吃饭。（　　）

3. A：他问您好！
   B：① 谢谢！（　　）
   　　② 我很好。（　　）
   　　③ 我身体很好。（　　）

4. A：飞机为什么晚点了？
   B：① 开得很慢。（　　）
   　　② 喜欢晚一点儿到。（　　）
   　　③ 天气不好，起飞晚了。（　　）

5. A：去北京大学要换车吗？
   B：① 不要换车就可以到。（　　）
   　　② 不用换车就可以到。（　　）
   　　③ 不能换车就可以到。（　　）

参考答案

01 你好

一 1. p m f   2. t n l   3. k h

二 1. A   2. B   3. B   4. B   5. A   6. B

三 1. nǐ   4. lǎo   7. wǔ   8. bǎn

四 1. nǐ   2. bǎo   3. fǎ   4. mǎ   7. měi

五 1. hǎo   2. ma   3. yě   4. dōu
　 5. lái   6. tā   7. wǒmen   8. nǐmen

六 1. 你好   2. 来吗   3. 好吗   4. 好吗

七 1. 爸爸   2. 妈妈   3. 都   4. 来
　 5. 他们   6. 也   7. 我   8. 吗

八 1. 他（tā）   2. 她（tā）

02 你身体好吗

一 1. q x   2. c s   3. ch sh r

二 1. yě   3. wǔ   5. wǔ   6. yì
　 9. wūyā   10. yǒuyì

三 1. 五（④）   2. 八（①）   3. 九（④）   4. 早（②）
　 5. 身体（②）   6. 谢谢（③）   7. 再见（④）   8. 老师（①）

四 1. sì   2. shí   3. wǔ   4. liù
　 5. jiǔ   6. nín   7. jīntiān   8. hào

五 1. A、B：您／老师早

130

老师：你们早

A：您身体好吗

老师：很好　谢谢　你们身体好吗

A、B：我们（身体）都很好

2. A：你好　　　A：身体好吗　　　B：很好

　　A：来吗　　　A：也来吗　　　B：都来

六　1. 我身体很好。

2. 今天爸爸妈妈都来。/ 爸爸妈妈今天都来。

3. 他们身体都好吗？

4. 老师，您早！

七　1. 老师，您好！　　2. 谢谢你们！

3. 身体很好。　　　4. 爸爸妈妈再见！

八　1. 你好　　2. 你们　　3. 他来　　4. 身体

03　你工作忙吗

一　1. p　m　f　　　　2. t　n　l　　　　3. k　h

4. q　x　　　　　　5. c　s　　　　　　6. ch　sh　r

二　1. yuàn　　3. yǔ　　4. jù　　6. xué

7. yuè　　9. qǔ　　10. jué　　12. qū

三　不：1、2、6 四声　　　　3、4、5、7、8 二声

一：1、2、4、5、6、7 四声　　3、8 二声

四　1. gēge　　dìdi　　jiějie　　mèimei

2. nián　　yuè　　rì　　hào

3. jīntiān　　míngtiān　　jīnnián　　míngnián

五　1. A：身体很好　你呢　　2. B：今天 11 月 1 号

3. A：妹妹呢　　　　　　　4. B：来　不来

5. A：你呢　　B：（工作）不太忙

六　1. C　　2. C　　3. D　　4. A

七　1. 我哥哥、弟弟明年都来。　　2. 他爸爸妈妈身体不太好。

八　1. 你好　2. 她来　3. 妈妈　4. 姐姐　5. 妹妹

04　您贵姓

一　1. xìng　　2. jiào　　3. shì　　4. bù　　5. tài
　　6. gāoxìng　7. hěn　8. dōu　9. yě

二　①叫　②不　③也　④是　⑤是　⑥不　⑦不
　　⑧姓　⑨是　⑩很　⑪也　⑫都　⑬高兴

三　1. 他弟弟是大夫。　　2. 他叫什么名字？
　　3. 我妹妹身体很好。　　4. 我不是老师/学生，是学生/老师。

四　1. A：你姐姐叫什么名字　　A：是学生吗
　　2. A：他姓什么　　A：他是老师吗
　　3. A：认识我弟弟吗　　B：他今天来吗
　　4. A：你认识那个人吗　　B：你呢

五　1. 她叫什么（名字）？　　2. 您（你）贵姓？/你姓什么？
　　3. 你是美国人吗？　　4. 他是美国留学生吗？
　　5. 你认识那个学生吗？　　6. 他忙吗？
　　7. 她是你朋友吗？　　8. 你累吗？

六　1. 他很累。　　2. 她姓张。（她是张老师。）
　　3. 我是美国留学生。　　4. 他姓什么？
　　5. 三个人都是学生。

七　①认识　②学生　③很　④高兴　⑤身体　⑥工作　⑦也

八　1. 好吗　2. 你呢　3. 叫什么　4. 名字

参考答案

05 我介绍一下儿

一　1. yě　　2. shì　　3. huí　　4. de　　5. zài
　　6. kàn　　7. rènshi　　8. jièshào　　9. yíxiàr

二　①认识　②介绍　③一下儿　④是　⑤的　⑥也
　　⑦是　⑧的　⑨是　⑩的　⑪在　⑫在
　　⑬是　⑭也　⑮回　⑯看　⑰也　⑱看

三　1. 她姓什么？　　　　　　2. 她是谁的好朋友？
　　3. 她爸爸妈妈的家在哪儿？　4. 她在哪儿工作？
　　5. 她回北京做什么？

四　1. A：你去超市吗　　　　　B：你去哪儿
　　2. A：他在大卫的宿舍吗　　A：他在哪儿
　　3. A、B：你去吗
　　4. A：王兰在吗　　　　　　A：谢谢
　　5. A：你爸爸工作吗　　　　A：你妈妈也工作吗

五　1. 我回家。　　　　　　　2. 他是谁？
　　3. 他不是北京人。　　　　4. 我不认识那个美国留学生。

六　1. 在宿舍　2. 来教室　3. 去商店　4. 请进　5. 在家休息

七　1. 谢谢　　2. 认识　　3. 是谁　　4. 请问

06 你的生日是几月几号

一　1. 今天　　（2021年）　　9月25日（号）　　星期日。
　　　Jīntiān　（èr líng èr yī nián）　jiǔyuè èrshíwǔ rì (hào)　xīngqīrì.
　　2. 明天　　9月26日　　　　星期一。
　　　Míngtiān　jiǔyuè èrshíliù rì　xīngqīyī.

3. 昨天　　　9月　　　24日　　　星期六。
　　Zuótiān　jiǔyuè　èrshísì rì　xīngqīliù.

二　①九月三十号　　②是　　③的　　④叫　　⑤是
　　⑥二十　　　　　⑦个　　⑧是　　⑨的　　⑩都
　　⑪都　　　　　　⑫的　　⑬看

三　1. 今天几月几号？

　　2. 今天是谁的生日？

　　3. 你朋友叫什么（名字）？

　　4. 你们三个人都是谁的好朋友？

　　5. 你们什么时候都去商店买东西？/ 今天下午你们做什么？

　　6. 你们晚上都去哪儿？做什么？/ 晚上你们都去大卫的宿舍做什
　　　么？/ 你们什么时候去大卫的宿舍看他？

四　1. A：明天晚上你做什么　　　B：你呢

　　2. A：你做什么　　　　　　　3. A：你去吗

　　4. B：我很忙

五　1. 2020年3月25号我在北京工作。

　　2. 明天上午十一点他们去超市买东西。

　　3. 他十二号星期六/这个月十二号（星期六）来我家玩儿。

　　4. 昨天下午我在宿舍休息。

　　5. 他昨天晚上在家看书。

六　1. 去超市买东西　　　　　　2. 在宿舍听音乐
　　3. 星期天休息　　　　　　　4. 晚上看电视

七　1. 看/买　2. 听　3. 买　4. 回　5. 看　6. 看
　　7. 看　　8. 去　9. 在/回/去　10. 做　11. 去　12. 在/去

八　1. 明天　2. 昨天　3. 晚上　4. 星期　5. 是他　6. 音乐

你想想　　大学 dàxué　　　　大夫 dàifu

07 你家有几口人

一 1. jié hūn　　2. zhíyuán　　3. yínháng　　4. háizi　　5. xuéxí
　　6. yǒu　　7. méi　　8. hé　　9. kè

二 ① 有　② 和　③ 职员　④ 银行　⑤ 结婚　⑥ 孩子
　　⑦ 没　⑧ 学习　⑨ 学习　⑩ 有　⑪ 课

三 1. 尼娜家有几口人？　　2. 她哥哥做什么工作？
　　3. 她哥哥结婚了吗？　　4. 她哥哥有孩子吗？有几个孩子？
　　5. 她姐姐结婚了吗？　　6. 尼娜学习什么？
　　7. 尼娜今天有课吗？　　8. 她去大学做什么？/ 她去哪儿上课？

四 1. 我在宿舍听音乐。　　2. 我在家休息。
　　3. 他们在教室上汉语课。　　4. 他在商店买东西。

五 1. B：回家休息
　　2. A：你做什么工作
　　　 B：在大学工作
　　3. A：他们结婚了吗
　　4. A：你妹妹工作吗
　　5. A：你家有谁 / 你家有什么人

六 1、3、4、5、7：不　　2、6、8：没

七 1. 他们今年二月结婚了。　2. 他/她有两个孩子。
　　3. 我明天去超市买东西。

八 1. 明天　2. 朋友　3. 电脑　4. 我家　5. 汉字
　　6. 教室　7. 宿舍

你想想 朋

08　现在几点

一　1. 我早上七点起床。

　　2. 我早上七点十五 / 七点一刻吃早饭。

　　3. 我中午十二点吃午饭。

　　4. 我晚上七点半看电视。

　　5. 我晚上十一点五十 / 差十分十二点睡觉。

二　1. A：你几点 / 什么时候吃饭

　　2. A：你什么时候去上海

　　3. B：我在家上网　　　　A：你几点上网 / 什么时候上网

　　4. A：今天你去打网球吗　　A：你在家做什么

三　1. C　　2. C　　3. C　　4. C

四　1. 我没有电脑。　　2. 明天我不去商店。　　3. 他们没结婚。

　　4. 他七点起床。　　5. 我在食堂吃饭。

五　1. 去睡觉　　　　2. 看电影　　　　3. 吃饭

　　4. 买花儿　　　　5. 打网球　　　　6. 回宿舍

六　1. 饭　　　　　　2. 网球　　　　　3. 音乐

　　4. 早饭　　　　　5. 东西 / 书 / 花儿　　6. 电视 / 电影 / 书

　　7. 家 / 宿舍　　8. 床　　9. 课　　10. 课

七　1. 再见　　2. 电视　　3. 现在　　4. 打球　　5. 睡觉　　6. 姓王

你想想　1. 太　　2. 天　　3. 夫

09　你住在哪儿

一　1. huānyíng　2. gāoxìng　3. yǒu　4. pángbiān　5. wánr

　　6. zài　7. yìqǐ　8. cháng　9. hé　10. jiào

二　①有　②叫　③在　④在　⑤旁边　⑥欢迎

| | ⑦玩儿 | ⑧常 | ⑨一起 | ⑩和 | ⑪常 |

三　1.他住在哪儿？　　　　　　　2.你家在哪儿？
　　3.你们常常一起做什么？
　　4.星期六、星期日你们常常做什么/在哪儿打球？

四　1.你们学校有多少个老师？　　2.他的房间是多少号？
　　3.他的生日是几月几号？　　　4.这个楼有几层？
　　5.二号楼有多少（个）房间？　6.你有几个中国朋友？

五　1.教室上课　　2.花店买花儿　　3.公园玩儿
　　4.食堂吃饭　　5.商店买东西

六　1.B　　2.A　　3.B　　4.B　　5.C

七　1.邮局在公园旁边。　　　　　2.欢迎来北京。
　　3.上课的时候问老师。

八　1.请进　　2.欢迎　　3.知道　　4.旁边

你想想　月

10　邮局在哪儿

一　1. dōngbian　　2. nánbian　　3. xībian　　4. běibian
　　5. pángbiān　　6. nà　　　　7. nàr　　　8. xiūxi
　　9. bù　　　　　10. cháng　　11. zài　　　12. lí

二　①在　　②南边　　③离　　④休息　　⑤常
　　⑥那儿　⑦旁边　　⑧常　　⑨那儿　⑩东边
　　⑪在　　⑫那　　　⑬东边　⑭不

三　1.他爸爸在不在商店工作？
　　2.那个商店离他家远不远？
　　3.他爸爸早上七点半去不去工作？
　　4.他爸爸下午五点半回不回家？

四　1. 是　　2. 一起　　3. 那儿　　4. 就　　5. 往

五　1. A：银行在哪儿

　　2. A：离家远不远　　　　A：你怎么去

　　3. A：常上网吗　　　　　A：在哪儿上网

六　1. 操场在教室的东边。

　　2. 谁在旁边的房间听音乐？

　　3. 他常去邮局做什么？

七　1. 您早　　2. 休息　　3. 怎么

你想想　往

11　我要买橘子

一　略

二　1. 这种　2. 还　3. 要　要　4. 还　5. 还　别的地方　6. 很多种

三　1. A：买什么　　　　　A：几瓶

　　2. A：多少钱一斤　　　B：六块三　你要几斤

　　3. A：商店在哪儿　　　A：多吗　　A：便宜吗

　　4. A：要买什么　　　　B：多少钱一斤

　　　 A：十块　　　　　　B：贵了

四　1. 听听　　　　2. 休息休息　　3. 介绍介绍　　4. 问问

　　5. 玩儿玩儿　　6. 尝尝　　　　7. 问问　　　　8. 看看

五　1. 他没结婚。

　　2. 我昨天不忙，今天很忙。

　　3. 他是职员，在银行工作。/ 他在银行工作，是职员。

　　4. 我七点一刻在家吃早饭。

　　5. 他晚上常常十一点半睡觉。

　　6. 橘子多少钱一斤 / 一斤多少钱？

7. 要两瓶可乐，不要别的了。

8. 他买两个/斤苹果。

六　1. 坐汽车　　2. 买东西　　3. 吃苹果　　4. 喝水

　　5. 听录音　　6. 去银行

七　① 离　　② 店　　③ 店　　④ 书　　⑤ 个　　⑥ 书

　　⑦ 友　　⑧ 起　　⑨ 店　　⑩ 识　　⑪ 个　　⑫ 店

　　⑬ 绍　　⑭ 书　　⑮ 识　　⑯ 个　　⑰ 友　　⑱ 兴

八　1. 售货员　　2. 很贵　　3. 名字　　4. 不多　　5. 十岁

考考你　1. 你　　　2. 他　　　3. 您　　　4. 做

　　　　5. 住　　　6. 她们　　7. 身体　　8. 工作

　　　　9. 什么　　10. 休息　　11. 时候　　12. 付钱

　　　　13. 邮件　　14. 便宜　　15. 微信

12　我想买毛衣

一　略

二　小 xiǎo —— 大 dà　　　少 shǎo —— 多 duō

　　长 cháng —— 短 duǎn　　便宜 piányi —— 贵 guì

三　1. 多少　　2. 怎么　　3. 哪儿　　4. 几

　　5. 怎么样　6. 什么　　7. 谁

四　1. 穿/买　2. 喝　　3. 发　　4. 写　　5. 回/在

　　6. 买　　7. 吃　　8. 看　　9. 学习　　10. 坐

五　1. A：饮料吗　　　A：你喝什么饮料

　　2. A：你去哪儿　　B：想买一个

　　3. B：不可以

　　4. B：我不想上网

六　1. 不长也不短/不大也不小　　2. 不贵也不便宜

3. 不多也不少　　　　4. 不远也不近

七　①冷　②服　③少　④天　⑤件　⑥天
　　⑦穿　⑧在　⑨作　⑩累　⑪上　⑫觉

八　1. 手机　2. 大楼　3. 学校　4. 橘子　5. 怎么样　6. 好极了
　　7. 都来　8. 邮局

你想想　回

13　要换车

一　略

二　1. B　　2. B　　3. A　　4. B　　5. A

三　1. 他会说一点儿汉语了。

　　2. 现在十点半（了），他不会来了。

　　3. 姐姐给妹妹/妹妹给姐姐一张地图、一个本子。

　　4. 去天安门要换车吗？

四　1. A：你会做饭吗　　A：你会做中国菜吗　　A：谢谢

　　2. A：喝什么　　　　A：还要别的吗

　　3. A：几点来　　　　A：会来吗

　　4. A：我们（一起）看电影

　　　　B：哪国的（电影）

　　　　B：一起去看

五　1. 我会说一点儿汉语。　　　2. 他是日本留学生。

　　3. 我不会说汉语。　　　　　4. 他给我一本书。

　　5. 他们三个人都很忙。

六　1. 懂英语　2. 哪国电影　3. 刷卡　4. 没到站

七　①想　②个　③都　④道　⑤么　⑥问

⑦ 说　　⑧ 离　　⑨ 很　　⑩ 校　　⑪ 往　　⑫ 星

⑬ 没　　⑭ 吃　　⑮ 去　　⑯ 玩儿

八　1. 打球　　2. 投币　　3. 换钱　　4. 找人

你看看　1. 员 yuán　　贺 huò　　贵 guì

　　　　2. 远 yuǎn　　近 jìn　　道 dào

　　　　3. 问 wèn　　间 jiān

　　　　4. 我 wǒ　　找 zhǎo

14　我要去换钱

一　略

二　想 xiǎng　　会 huì　　能 néng　　要 yào　　可以 kěyǐ

　　1. 能　　2. 会　　3. 可以　　4. 要

　　5. A：要　B：想　　6. A：可（以）　可以　B：想　可以

三　1. A：我没带手机　　　　　　B：快去

　　2. B：去了　　　　　　　　　A：你买什么了

　　3. A：手机号码是多少　　　　B：手机里有

　　4. A：怎么写

四　1. A　　2. C　　3. D　　4. D　　5. D

五　1. 汽车　　2. 音乐/录音　　3. 汉字　　4. 短信/电子邮件

　　5. 饭　　6. 床　　7. 衣服　　8. 钱/人/东西

　　9. 可乐/水　　　　　　10. 汉语/英语/法语

六　① 花　　② 银行　　③ 钱　　④ 今天　　⑤ 银行

　　⑥ 钱/人民币　　⑦ 多少　　⑧ 你　　⑨ 明天　　⑩ 你

七　1. 明天我不去公园。　　　　2. 昨天他没来上课。

　　3. 和子常常做日本菜。　　　4. 昨天我没来。

141

八　1. 教室　2. 做饭　3. 数数　4. 换钱　5. 银行

你看看　1. 兄子　　　　2. 仚　介绍
　　　　3. 体息　身体　　4. 太　太学　明天

15　我要照张相

一　略

二　对 duì　　完 wán　　通 tōng　　到 dào　　懂 dǒng

　　1. 到　2. 对　3. 懂　4. 完　5. 通

三　1. 这种鲜花儿真好看。

　　2. 我给妈妈 / 妈妈给我打电话了。

　　3. 这个本子不好，能换一下儿吗？

　　4. 请你帮我交一下儿电话费。

四　1. A：这件衣服是谁的　　A：你能穿吗

　　2. A：这个手机是你的吗　　A：手机怎么样

　　3. B：没吃完

　　4. A：忙极了　　　　　　B：到很晚

　　　A：怎么样　　　　　　B：（很）不错　　B：谢谢

五　A：我累了，想去那儿坐坐。

　　B：等一等，这儿的花儿很好看，你给我照张相，好吗？

　　A：好，照完了再去。

六　①有　②给　③电话　④她　⑤学校　⑥电影
　　⑦手机　⑧手机　⑨电话　⑩手机　⑪到

七　1. 介绍　2. 结婚　3. 纪念　4. 今天
　　5. 一个　6. 会来　7. 纪念　8. 拿来

你想想 拿

16 你看过京剧吗

一 略

二 应该 yīnggāi　　行 xíng　　过 guò　　了 le
　　当然 dāngrán　　想 xiǎng　　会 huì

　　1. B：当然　　2. B：应该　　3. A：过　　B：过
　　4. A：了　了　　B：过
　　5. A：行　　　　B：想　行
　　6. B：应该　　　A：过　　　　B：会　会

三　1. 没去过呢　　2. 学过　　3. 过（饭）　很便宜
　　4. 去过那个地方　5. 没起床

四　1. A：有人找你　　　　2. B：没（人）告诉我
　　3. A：收到了吗
　　4. A：介绍（介绍）京剧
　　　 B：有没有时间
　　　 A：给我打电话

五　1. 你学过汉语没有？　　2. 我没吃过烤鸭。
　　3. 他常常去留学生宿舍。　4. 你看电视了没有？
　　5. 他还没结婚呢！

六　1. 给朋友找工作。　　2. 有人请你介绍一下儿上海。
　　3. 这件事能告诉他/她吗？

七　① 八号楼　② 问　③ 说　④ 知道
　　⑤ 住　⑥ 知道　⑦ 留学生　⑧ 说

143

八　1. 酒吧　　2. 汉语　　3. 没有　　4. 演京剧

　　5. 地图　　6. 操场　　7. 一块钱

你想想　卡

17　去动物园

一　略

二　1. 骑　　2. 接/看　　3. 坐　　4. 打/接

　　5. 看　　6. 划/坐　　7. 问　　8. 拿/买

三　1. A: 来　B: 去　　2. B: 去　　3. B: 去

　　4. A: 来　B: 来　　5. B: 去　B: 来

四　1. A: 你喝可乐还是（喝）咖啡？

　　2. A: 你想去上海还是（去）香港？

　　3. A: 你要买橘子还是（买）苹果？

　　4. A: 这个星期天你去公园还是（去）动物园？

　　5. A: 你坐汽车去还是（坐）地铁去？

五　①个　　②好　　③想　　④说　　⑤个　　⑥演

　　⑦一起　⑧问　　⑨说　　⑩骑　　⑪说　　⑫一起

六　1. 这个电影怎么样？

　　2. 谁想去看这个电影？

　　3. 他们什么时候去看电影？

　　4. 他们骑自行车去还是坐公交车去？

七　1. 里边　2. 下边　3. 下边　4. 外边　5. 上边　6. 外边

八　1. 回家　2. 公园　3. 中国　4. 地图

你想想　园

18 路上辛苦了

一 略

二 1.坐一会儿　　2.大学毕业　　3.等一会儿　　4.开车

三 1.快（就）要毕业了　　2.车（就）要开了
　 3.快（就）要到北京了　　4.就要来了
　 5.就要做好了

四 1.B：为什么　　A：开车　　B：开走了　　A：怎么回去
　 2.A：你喝什么酒　　A：为什么

五 1.菜、饭、苹果
　 2.可乐、水、酒、饮料
　 3.书、电视、电影、朋友
　 4.车、地铁、火车、船

六 ①从　②跟/和　③在　④到　⑤下来
　 ⑥的　⑦我们

七 1.他是什么时候来中国的？
　 2.他是在哪儿认识/大卫的？
　 3.是谁去接他们的？
　 4.他们是怎么来学校的？

八 1.划船　2.到北京　3.两点一刻　4.京剧
　 5.很多　6.银行　7.往前走

你想想　银行（háng）　自行（xíng）车

19 欢迎你

一 略

二 1.不用翻译　　2.麻烦别人　　3.麻烦

　　　　4. 真不好意思　　　5. 不用买　　　　　6. 以前

三　1. 来接电话　　　　2. 第几次　　　　　3. 很多次

　　4. 拿一下儿东西　　5. 从朋友那儿去　　6. 他两／三次

四　1. 他从玛丽／玛丽从他那儿来。

　　2. 我一句法语也不会说。

　　3. 他去过动物园很多次。

　　4. 现在学汉语的人很多。

五　1. A：吧　　　　　　B：一次也没吃过

　　2. A：收到没有　　　B：上网

　　3. A：不用坐公交车　B：不好意思

　　4. A：都没接

　　5. A：在　　　　　　B：就回来　　　A：楼下／这儿　　她

六　1. 请慢一点儿说，说快了我不懂。

　　2. 房间里太热了，我出去走走。

　　3. 这是朋友送给我的书。

七　①电话　　②说　　③下午　　④家　　⑤问

　　⑥说　　　⑦知道　　⑧说

八　1. 快说　　2. 慢走　　3. 听懂　　4. 很忙

你会吗？　1. 数（shǔ）：请数一下儿一共多少钱。

　　　　　　 2. 数（shù）：你最好记一下儿钱数。

20　为我们的友谊干杯

一　略

二　1. 跟　　2. 离　往　　3. 给　　4. 从　从　　5. 在　　6. 对

三　1. C　　2. D　　3. C　　4. C　　5. A　　6. B

四　1. A：你在北京过得怎么样

2. A：得怎么样　　　　　　　B：做得很好吃

3. A：今天你起得很早吧

4. A：你写得怎么样

5. A：做得很好

6. B：说得不（太）好

7. A：玩儿得多高兴／很高兴／高兴极了

五　1. 他说汉语说得很好。　　　　2. 她洗衣服洗得真干净。

3. 他的书跟我的一样。　　　　4. 我会说一点儿法语。

5. 他吃饭吃得很慢。　　　　　6. 他走得很快。

7. 昨天我没出去。　　　　　　8. 他想在贸易公司工作。

9. 昨天他没翻译完老师说的句子。　10. 我下午不能去商店。

六　1. 这张在北京照的照片照得真好。

2. 她们两个像姐妹一样。

七　①住　②我们　③家　④两点　⑤没

⑥去　⑦来　⑧说　⑨的　⑩了

⑪问　⑫说　⑬晚　⑭你

1. C　　2. B

八　1. 有意思　2. 您好　3. 感谢　4. 纪念　5. 想家　6. 休息

7. 怎么样　8. 当然　9. 两点　10. 很热　11. 照片

你想想　哥

测验（01—20课）

一　1. B　2. A　3. B　4. B　5. B

6. B　7. A　8. A　9. B　10. A

二　1. 骑　2. 上　3. 看　4. 坐　5. 喝

6. 坐／划　7. 买／穿　8. 听　9. 回／在　10. 换／花

147

三 1.①本 张 ②个 岁 ③条 辆 ④次 句 ⑤瓶 ⑥件
　　2.①在 在 ②离 往 在 ③给 ④对 ⑤跟 从 从

四 1. D　　　2. D　　　3. D　　　4. C　　　5. A / B
　　6. C　　　7. D　　　8. C　　　9. B　　　10. B

五 1. 他叫什么（名字）
　　2. 他是哪国人
　　3. 他是坐地铁来的吗
　　4. 你要喝咖啡还是喝茶
　　5. 她是谁
　　6. 你呢
　　7. 他做什么工作
　　8. 做得怎么样 / 好吃吗 / 好吃不好吃
　　9. 为什么今天不喝呢
　　10. 你看电视了吗 / 你看电视了没有 / 你看没看电视

六 1. 会（说）一点儿　　　　2. 我（们）照张相
　　3. 回家吧　　　　　　　　4. 问问老师
　　5. 上去找他吧　　　　　　6. （有/要）考试
　　7. 说得慢一点儿　　　　　8. 没看过呢
　　9. 不能打电话了　　　　　10. 可以吗 / 可以不可以

七 1.③　　　2.②　　　3.①　　　4.③　　　5.②